PART2

柔軟でぶれないアイデンティティ

第3章　流動的な自己認識を育む

PART1

柔軟でぶれないマインドセット

Master of Change
変わりつづける人
目次

Introduction
ぶれない柔軟性
——アイデンティティを維持しながら変化に適応するための新しいモデル

ケイトリンへ

推薦の言葉

不確実性や変化は、私たちすべてにとって現実だ。この本は、その現実に“対処する”だけでなく、それに飛び込み、さらには一体となるための魅力的でインスピレーションに満ちたフィールドガイドだ。今、ここで成長し、花開くために。

——オリバー・バークマン『限りある時間の使い方』著者

絶え間なく変化するこの世界では、変化に抵抗したり否定したりするのではなく、再解釈し適応する能力が、ウェルビーイングにとって不可欠だ。ブラッド・スタルバーグは科学と哲学を巧みに組み合わせ、予期しない現実を受け入れるための青写真を提供する。

——デイビッド・エプスタイン
『RANGE 知識の「幅」が最強の武器になる』著者

この本は、人間の習性である変化への抵抗に挑み、綿密に研究された変化を受け入れる方法について書かれている。思慮深く、読んでいて楽しく、人生の予期せぬ展開に対処するための貴重な知恵を授けてくれる。

——ケイティ・ミルクマン『自分を変える方法』著者

MASTER OF CHANGE:

How to Excel When Everything Is Changing - Including You

by

Brad Stulberg

Published by arrangement with HarperOne,
an imprint of HarperCollins Publishers,
through Japan UNI Agency, Inc., Tokyo.

Master of Change

How to Excel When Everything Is Changing
-Including You

変わりつづける人

最新研究が実証する最強の生存戦略

ブラッド・スタルバーグ

福井久美子
訳

ダイヤモンド社

PART3

柔軟でぶれない行動

第4章 柔軟でぶれない境界線を築く

第5章 主体的に対応する

第6章 意味を見出し前進する

おわりに
――変化を受け入れ、ぶれない柔軟性を確立する「5つの問いと10の方策」

本書に登場する人物の名前や身元特定につながる情報には、個人情報保護のため、一部変更を加えている。その他の点については、すべての体験談が事実に基づいており、実際に起きたこととして正確に確認されている。

本文に付されている数字、＊は原注を表し、それぞれ巻末、見開き左ページに示した。

〔　〕は訳注を表す。

Introduction

ぶれない柔軟性

アイデンティティを維持しながら変化に適応するための新しいモデル

How to Excel
When Everything Is Changing-Including You

「足下の地盤がぐらぐらと揺れるみたいだった」

わたしが長年コーチングしているクライアントのトーマスが当時を思い出して、こう続けた。

「物事の収拾がつかなくなったとでも言おうか」

多くの人と同様に、2020〜2022年はトーマスにとって過酷な数年間だった。45歳のトーマスには子どもが二人いて、プロフェッショナルサービス企業で働いている。新型コロナウイルスのパンデミックが起きてわずか数か月で在宅勤務を余儀なくされ、大口の顧客を失い、学校がリモート授業を始めたために自宅で子どもたちの勉強を教えなければならなくなり、妻が解雇され、叔父が新型コロナ感染症で亡くなり、父はなかなか会えないまま2022年の初めにがんで亡くなった。

「こんな短期間で多くのことが一変してしまった。途方に暮れたし、あの状況についていくのは大変だった」

新型コロナウイルスが世界中で猛威を振るって人類と経済に大打撃を与えたこの時期には、トーマスの体験談はよくある話でもあった。パンデミックは、わたしたちの働き方、遊び方、愛し方、悲しみ方、コミュニティへの加わり方に混乱をもたらした。

このような現象を、わたしは〝**人生を揺るがす出来事**〟と呼んでいる。わたしたちの経験や、わたしたちが住む世界を根本から変えてしまう転機となる出来事のことだ。良い方向に変化することもあれば、悪い方向に変化することもある。パンデミックは、近年起きた〝人生を揺るがす出来事〟の中で大規模なものだったが、言うまでもなくこれが最初ではないし、最後でもないだろう。

世の中を見渡すと、10年に一度は劇的な変化が起きるものだ。たとえば戦争、新しいテクノロジーの登場（インターネットや、最近では人工知能など）、社会不安や政情不安、不況、環境危機など、あらゆるものが急激に変化している。

個人レベルで見れば、〝人生を揺るがす出来事〟はより頻繁に起きている。

新しい仕事を始める、辞職する、結婚する、離婚する、子どもが生まれる、愛する人を亡くす、病気になる、新しい町へ引っ越す、学校を卒業する、新しい親友と出会う、本を出版する、昇進する、子どもが巣立って家に取り残される、定年退職するなど。

調査によると、大人は平均で36回も〝人生を揺るがす出来事〟を経験するという。18か月に一回の割合だ。[1] おまけにこの数字に老いは含まれない――多くの人が無益に抗い、拒絶する〝人生を揺るがす出来事〟だというのに。

変化と混乱は例外的な出来事だと思われがちだが、実際はどちらも通常の出来事だ。よく見れば、あらゆるものが変化していて、自分も例外ではないことに気づく。人生は流動的なものなのだ。

本書を出版する前の数年間で、わたしは著書『地に足をつけるまで』（未邦訳）を出版し、二人目の子どもが生まれ、安定した仕事を辞めた。国を横断して遠い地域へ引っ越し、長年自分のアイデンティティの大部分を占めていた競技に参加するのをやめ、片脚を手術し、身を切られる思いで親族と縁を切った。

こうして挙げた出来事には、良い変化もあれば悪い変化もあることにお気づきだろうか。この短期間で困難なことばかり起きたわけではない。いろんなことが起きた。苦難とまでは言わないが、大変ながらも興味深い数年間だった。

こうした人生の大きな転機をクライアント、同僚、友人、近所の人たちに打ち明けると、彼らは即座に「わたしが混乱するのも無理はない」と共感してくれた。戸惑っているのはわたしだけではないと気づいた。

わたしたちが思うほど、あるいは願うほど人生は安定しているわけではない――そう気づいた時に生まれる疑念や恐れ、戸惑いは、誰もが経験することだったのだ。

ここに一つの問題がある。わたしたちの文化では安定性を求める風潮が強いが、それは絶え間なく変化し続ける現実を反映していない。適切なスキルさえあれば、変化は成長を劇的に後押しする力になり得るという事実も。

古い筋書きをひっくり返す時が来たのだ。この避けられない事実を受け入れようとしても、最初は不安を覚えるかもしれない。だが、わたしが徐々に悟ったように、本書を読み進めるうちに、あなたも人生の流動性を受け入れれば、やってやろうという気になり、流動的に生きるほうが有利だとすら感じるようになる。言うまでもなく、変化は痛みを伴うこともあるが、さまざまな利益ももたらしてくれるのだ。

変化を今までとはまったく異なる視点で捉えて対応する方法――わたしはこれを〝**ぶれない柔軟性**〟と名づけた――を習得すれば、苦痛、いらだち、不安を最小限に抑えられるし、多幸感や持続的な充実感を味わいやすくなるだろう。さらに、あなたが情熱を注ぐ活動や仕事で、より良いパフォーマンスを長く維持できるようになる。

こうして、ぶれない柔軟性は卓越性を維持するための基盤となる――気分良く物事にうまく対応できるようになり、長期的な目標を実現しやすくなるのだ。

もう一つ同じぐらい重要なことがある。変化にうまく対応するうちに、やさしくて賢い人間になっていくことだ。

どちらも世界中で求められている資質だ。おまけに、どんなに願おうとも、時を止めることも、人生をコントロールすることもできないのだから、この問題については他に選択肢はない。

変化に抗おうとしても無駄だ。変化に抗おうとすると、たとえ健康的な人であっても疲労困憊《こんぱい》して燃え尽き症候群や無気力に陥ることがよくある。

心理学、生物学、社会学、哲学、そして最先端の神経科学など、あらゆる最新の研究結果が、変化それ自体は中立的なものであることを証明している。わたしたちが変化をどう捉えるか、変化にどう対応するかで、変化は悪くもなれば、良くもなる。

人生を直線的で比較的安定したものと考える現代の欧米社会と違って、世界各地にある古代から受け継がれてきた知恵――仏教、ストア哲学、老荘思想など――の多くは、現実には循環的な性質があることや、変化が遍在することに気づいていた。

太古の知恵も現代科学も、無常は疑う余地のない現実、すなわち宇宙の基本的な真実とみなしている。永久不変という幻想にしがみついて、変化による衝撃を受けませんようにとか、現状を維持できますようにと願うことは、そもそも見当違いであり、最悪の場合は苦痛をもたらすことになるだろう。

人生は常に変動していて、浮き沈みの繰り返しだ。**強くて永続きする一貫性のあるアイデンティティを確立するには、絶えず変化する波を乗りこなすための特別なスキルが必要になる。**

残念ながら、一般的にそのようなスキルは学校で教えてくれないし、若い世代の多くから軽視されている。彼らはコントロール、安全性、不変といった概念を勘違いしている。どれもうまく機能しているが、それもいつか機能しなくなる日が来るまでのことだ。

そこで本書の出番だ。本書を通したわたしの最大の目標は、科学、太古の知恵、歴史、そして実例を広く見渡して、読者が変化と混乱の時代を生き延び、成功するのに必要な基本的な特色をカバーする包括的なフレームワークを構築することだ。このフレームワークを〝ぶれない柔軟性〟と名づけた。

それを実践するには新たな見方で変化を理解し、対応しなければならないが、その前にわたしたちがどうやって現在の状況に至ったのかを知っておくほうがいいだろう――不安定さやはかなさを恐れ、変化に対して無力だと感じるようになった過程を。現在地にたどり着くまでの過程を知ることは、これから進みたい場所にたどり着くのに役立つだろう。

なぜ変化を恐れてしまうのか？

1865年、52歳のフランス人医師クロード・ベルナールは画期的な洞察を得た。人体を観察した結果、彼は変化や混乱は健康に悪いという仮説に至ったのだ。

当時急速に増えつつあった科学者たちを前に、彼は「人間が自由に生きるには内部環境の安定性が不可欠だ」と語った。[2]

それから約60年後の1926年、アメリカ人科学者のウォルター・キャノンが、その現象を正式に〝**ホメオスタシス**〟と名づけた。

科学者でなくても、多くの人がホメオスタシスを認識している。〝homeostasis〟という言葉は、ギリシャ語の〝homoios（「似ている」「同じ」などの意）〟と〝stasis（「立っている」の意）〟を語源とする。

ホメオスタシスの現代的な定義は「生命システムが、比較的変化が少なくて安定した内部環境を維持しようと、変化に抗う傾向」のことだ。

ホメオスタシスは「秩序→無秩序→秩序」のサイクルを特徴とする。

つまり、システムは普段Xという安定状態にあるが、何かが起きて秩序が乱れると、Yという混乱して不確実な状態になる。するとシステムはあらゆる手段を用いてXという安定した状態に戻ろうとする。たとえば病気になると、身体は発熱する一方で、さまざまなプロセスを経て体温を正常値の37℃に戻そうとする。

ホメオスタシスは、ごく限られたケース（発熱など）では正確なモデルと言えるが、本書を読み進めれば、当てはまらないケースも多いことがわかるだろう。にもかかわらず、ほぼあらゆる領域で変化を前にするとホメオスタシスが優勢的な考え方として用いられてきた。

インターネットで〝ホメオスタシス〟と〝変化〟を検索すると、減量、創作の行き詰まり、禁煙、新しいトレーニングプログラムを始めること、自社の社風を変えることなど、幅広い分野でこのテーマを扱った記事が無数に見つかる。どの記事も「ホメオスタシスを克服しよう」とか、「変化に対する深く普遍的な抵抗と闘おう」といった主旨で書かれている。

ホメオスタシスという概念には何十年もの歴史があり、おまけにシンプルで直感的に共感しやすい。そのため人々も社会も、ひいては文化全体までもが、ホメオスタシスの観点から変化を考えるようになった。

人々が外部からもたらされる変化を快く思わなかったり、変革への挑戦を「定められた秩序への抵抗」と見なしたりするのは、ホメオスタシスの概念が影響しているのだ。

異常な変化が我が身に降りかかることもあるかもしれないが、変化の大半はそこまでひどくはない。

にもかかわらず、長い間に染みついたバイアスのせいで、ほとんどの人は自身の変化または人生の幅広い領域で変化に直面すると、次の4つのいずれかの反応をしがちだ。

反応1　変化に抵抗する、または変化を認めようとしない

周囲で起きていることから我が身を守ろうとし、時には変化を全否定する。

たとえば、デジタル型のビジネスモデルに移行しようとしない企業。全盛期の頃の（もはや通用しない）強みを今も主張する熟練バスケットボール選手。関係が破綻しているのにその問題を見ようとしない男性。現実を直視するのが嫌で都合の良いデータだけを選ぶシンクタンクなど。

反応2　変化を断固として拒否する

変化を阻止しようとする。たとえ圧倒的な勢いで降りかかってくる避けられない変化であっても、あらゆる手段を講じて変化を押し戻そうとする。

たとえば、両膝の軟骨が変形しているのに手術を先延ばししようとするテニス選手。技術革新を試みる代わりに国会議事堂に行って排ガス規制に抗議する企業。子どもが生まれたばかりなのに通常の9時間睡眠を確保しようと無益にさまざまな対策を講じる親。大学生の娘に食事や衣服について口出しする親。あるいは若返ろうとして取り憑かれたようにさまざまな種類の製品に手を出す45歳など。

反応3　混乱のさなかに主体性を放棄する

変化をたまたま自分に起きたこととして受動的に捉えて、状況をコントロールすることを放棄する。

たとえば、健康診断で深刻な診断を下された途端に食事に注意しなくなる男性。不安を感じながらも、物事はこういうものだと自分に言い聞かせて助けを求めない女性。注意を向ける先を選ぼうともせずに、だらだらとニュースを見続けてしまう人。問題の解決に取り組もうともせずにあきらめてしまう政策立案者。増え続けるテレワーク従業員に対して、思慮深くて計画的な戦略を練ることもなく、行き当たりばったりで対応する企業など。

反応4　かつての状態に戻ろうとする

〝人生を揺るがす出来事〟が起きる前の生活を思い浮かべながら、現在の新しい状況と過去の状況を比べ、過去にうまくいった行動や振る舞いに戻ろうとする。

たとえば結婚したのにすべてを自分で決断したがる男性。衰退産業で仕事を失ったにもかかわらず、同じ業界の別の会社に転職したいと望む女性。国の反対側へ引っ越してすぐに、新たな友だちと旧友とを比べようとする家族。従業員の20％を解雇せざるを得なかったにもかかわらず、翌日から何事もなかったかのように振る舞う会社など。

共感しにくい例もあるかもしれないが、自分自身、あるいは職場や家族やコミュニティの中に同じような傾向が見つかるのではないだろうか。

新しいものに可能性を見出すよりも、古い秩序に過度なまでにしがみつこうとする傾向はあるものだ。そのような戦略も一時的には快適かもしれないが、長期的にはうまくいかなくなる可能性が高いだろう。

変化と混乱の時代を切り抜ける、新しい生き方のモデル

1980年代後半、二人の研究者が興味深い現象に気づいた。

一人は神経科学と生理学を専門とするペンシルベニア大学医学部教授ピーター・スターリング、もう一人は生物学とストレスを専門とする学際的な研究者ジョセフ・エア。

二人が発見したのは、健全なシステムは変化に対して頑なに抵抗することはめったにない、むしろスムーズかつ我慢強く変化に順応するということだった。

生息地の変化に適応しようとする生物種、業界の変化に対応しようとする企業、〝人生

を揺るがす出来事〟や徐々に老いていく身体に対応しようとする個人にも、同じような傾向が認められる。

混乱が起きると、生命システムは安定性を求め、最終的に新しい形での安定性にたどり着く。スターリングとエアは、このプロセスを**〝アロスタシス〟**と名づけた。

アロスタシス（allostasis）は、ギリシャ語の〝allo（「異なる」の意）〟と〝stasis（前述したが「立っている」の意）〟を語源とする。

スターリングとエアは、アロスタシスを**「変化を経て獲得した安定性」**と定義した。

ホメオスタシスが「秩序→無秩序→秩序」というパターンを特徴とするのに対して、アロスタシスは**「秩序→無秩序→再秩序」**を特徴とする。

ホメオスタシスでは、健全なシステムは〝人生を揺るがす出来事〟のあと、元の状態に戻って安定性を取り戻す（つまり**X→Y→X**）と考える。他方でアロスタシスでは、健全なシステムは新しい状態で安定性を取り戻す（つまり**X→Y→Z**）と考える。*

ホメオスタシスの概念には当てはまらないケースが多々ある。人間を含めた万物は絶え

＊最近では、アロスタシスのいくつかの要素は〝ホメオスタシスの上方調節（アップレギュレーション）〟と呼ばれることがある。読者が変化の古いモデルと新しいモデルを混同しないよう、本書ではアロスタシスという用語を用いることにした。

ず変化している。わたしたちはいつも「秩序→無秩序→再秩序」の過程のどこかにあるのだ。

今の安定性があるのはこのサイクルをうまく切り抜けたおかげ、スターリングとエアの言葉を借りるなら、「変化を経て獲得した安定性」によるものなのである。

わたしはこの言葉には二重の意味があると思っている。つまり、変化の過程を経て安定するには、少なくとも自分自身もある程度変化する必要がある、ということだ。

この概念を理解してもらうために、アロスタシスの簡単な説明はここまでにして、シンプルで具体的な例に話を移そう。

ウェイトリフティングやガーデニングを本格的に始めた人は、ほぼ間違いなく手の皮膚が荒れてくるだろう。皮膚はなめらかな質感を維持しようなどと無駄な努力はせず、たこを作ってこの新たな問題にうまく対処しようとする。

デジタルの世界で常に注意を奪われている人は、読書に集中しようとしても、最初は脳が拒否するだろう。だが読み続けると、やがて脳の配線が変わって適応し、読書に集中できるようになる。科学者はこの現象を〝神経発生〟または〝神経可塑《かそ》性〟と呼ぶ。

他にも、うつ病や失恋を経験した場合にも同じことが起きる。回復することは、精神的な苦痛を味わう前の自分に戻ることではない。むしろ感情的な苦痛への耐性を身につけ、悩みを抱える人たちに深い思いやりを示せる人間へと進化することだ。

これらのケースで人々が安定性を獲得するのは、変化に抵抗した結果でも、前の自分に戻った結果でもない。変化にうまく対応しながら、新しい場所にたどり着いた結果なのだ。

「(生理的な) 調節の主な目的は恒常的な状態に固定することではない。むしろ、適応可能な変化に柔軟に合わせることだ」とスターリングは書いている。[3]

繁栄する個人や組織に共通する一つの真理

スターリングとエアが初めてアロスタシスの基本的な考え方を紹介したのは1988年だが、この概念はいまだに一般的にはほとんど知られていない。[4]実に残念だ。アロスタシスは、変化と人間のアイデンティティが時間の経過と共に進化して成長することを示す、もっとも正確で有益なモデルであることがわかったからだ。

次の例を見れば、アロスタシスの普遍性がわかるだろう。

自然科学の一般理論である進化とは、生命が変化し続ける環境に適応しながら進歩していく過程のことだ。元の状態に戻ることはない。物事は絶えず変化していく。変化に適応する種は繁栄して生き延びる。変化に抗う種は傷つき滅びる。

文学では、文化や時代を問わず、さまざまな神話において「英雄の旅」が主要なテーマとなっている。

主人公は安定した家庭環境で育つが、何かしらの激動または〝人生を揺るがす出来事〟が起きて、安心できる環境を去らなければならなくなる。主人公は思い切って新しい世界へ飛び込み、そこで障害や難題に直面する。やがて故郷に帰って来るが、主人公のアイデンティティは同じものでありながらも変容している。

この英雄の旅の原型はさまざまな神話や逸話に描かれていて、たとえば古代イスラエルの予言者モーセ、仏教の釈迦、『ライオン・キング』のシンバ、『ミラベルと魔法だらけの家』のミラベルなどが挙げられる。

近代心理学の礎を築いた心理学者の一人、カール・ユングは自己が徐々に変容する過程を円の図形を用いて表現し、個人は成熟していく過程で適応と成長を何度も繰り返すと主張した[5]。

それ以来、認知行動療法（ＣＢＴ）やアクセプタンス・コミットメント・セラピー（ＡＣＴ）といった新しい心理療法モデルは、物事のはかなさに抵抗してはいけない、前の状態に戻ろうとしてはいけないと指導する。むしろはかなさを受け入れて協調し、はかなさを超越するようにと教える。

フランチェスコ会の神父リチャード・ロールは、人間は「秩序↓無秩序↓秩序の再構築」を繰り返して真の自分になると説く。おまけにこれを普遍的な叡智のパターンとすら呼んでいる。

仏教学者で精神療法士のマーク・エプスタインは、不安から解放されるには「統合↓分離↓再統合」という不可避なサイクルの舵取りを学ぶ必要があると説いた。そしてこの過程を〝解《ほど》けることなくばらばらになる〟と呼んだ。

組織科学の研究者たちは、会社などの組織は「凍結↓変革↓再凍結」というパターンを経て革新に成功すると説いている。変革期の間はしばしば混沌とした状態になるものの、強化され安定した組織に成長するために必要な段階だという[6]。

関係性療法では、人々との大切な絆を維持しながら成長するためのかぎは、「調和↓不調和↓修復」のサイクルを経ることだと言われている。

幸せで健康で高いパフォーマンスを維持している個人や組織は、このパターンを経験する。**自分自身を何度も再構築することで、強くて耐久性のあるアイデンティティを維持しているのだ。**

彼らは勇気を出して現在の状況をあきらめて、無秩序な状態に陥り、そしてその先にあるさらなる安定性とアイデンティティにたどり着く。こうした人たちはみな、アイデンティティを安定したものであると同時に変化していくものだと考えている。

変化と進歩のサイクルを表す言葉

- 秩序↓無秩序↓秩序の再構築
- 安定している（Xの状態）↓混沌として不確実な状態に陥る（Yの状態）↓新しい状態で安定を取り戻す（Zの状態）
- 統合↓分離↓再統合
- 方向性が定まっている↓方向性がわからなくなる↓再び方向性を定める
- 凍結↓変革↓再凍結
- 調和↓不調和↓修復

作家およびコーチとして人々を導くために、わたしはパターンを見つけることを方針としている。

「ライフハック」とか、手っ取り早い解決策とか、個人的な研究には興味がない。どれも高い効果を謳《うた》うわりには、実社会での成果が低いからだ。マーケター、釣りネタ記事、疑似科学の支持者たちが何と言おうと、真の卓越性、永続的な幸せ、長続きする強さを実現するための魔法の薬などない。

わたしが関心を抱くのは共通の洞察だ。

複数の科学的研究分野、世界各地に伝わる太古の知恵、長年卓越した業績と充足感を享受している人や組織がみな、同じ真実にたどり着いたと証言するのなら、その真実には注意を払う価値があるのではないだろうか。

この場合、変化とははかなさは恐れを抱いたり抵抗したりするような現象ではない——少なくともそのように構える必要はない。

ホメオスタシスという伝統的な概念は、人間の意識に深く浸透しているものの、人生の舵取りをしたり、メンタルヘルスをサポートしたり、真の卓越性を追求したりするうえでは、時代遅れのモデルとなっている。

アロスタシスのほうがはるかに道理にかなっている。

柔軟でありながら、ぶれない

あらゆるものが変化していることに初めて気づいた時、わたしは不安になった。わたしは安定志向の人間で、計画を立てて、その通りにやるのが好きだ。ノートの端に〝安定性〟の線を引き、その反対側の端に〝変化〟の線を引いたら、わたしは〝極端な安定志向〟と呼べる位置にいるだろう（これでもかなり甘い評価だ）。

だが、自分の人生の小道を歩き続け、あらゆる種類の浮き沈みを経験し、本書を書くためにリサーチを始めたところ、そのような線は存在しないことに気づいた。この発見には強い影響力がある。なぜなら、前述したように人生には大きな浮き沈みがつきものだからだ——老い、病気、人間関係、引っ越し、社会不安など。

だが、ぶれない柔軟性を主義として実践し始めたところ、些細なことに前ほどいらいらしたり、不安を覚えたりしなくなった（これはあらゆる人にとって生涯続くプロセスのため、〝実践〟という言葉を強調したい）。

このことについては本編で詳しく紹介する。仕事で予期せぬ変化があっても動じなくなった。子どもが体調不良で学校から帰ってきたり、愛犬が下痢をしたり、インターネットがつながらなくなったり、その他の些細なことのために、いわゆる〝完璧に立てた〟予定が吹っ飛んでも、以前のようにいらいらしたり混乱したりしなくなった。手術後に合併症が起きてリハビリ期間が2倍に延びた時も、かつてのように取り乱さなかった。

こうした面倒ごとは比較的些細なことに思えるし、実際にほとんどのケースはそうだ。

だが、些細なことが積み重なっていくと、多くの人は慢性的なストレスを覚えるようになって、能力を存分に発揮できなくなる。仕事で調子の悪い日、大切な人との口論、眠れない夜――そうした嫌な一日は、しばしば不確実性や変化に対する悩みが原因で起きているのではないだろうか。

人生には、白か黒かはっきりしている物事がある。たとえば、制限速度で車を走らせているか否か、妊娠しているか否かなど。

だが、白と黒の両方の要素を備えている物事も多い。

たとえば、意志決定を下すのは理性か感情のいずれかではない。その両方だ。

たくましさとは、自己鍛錬か自分を思いやる気持ちのいずれかではない。その両方だ。

目標に向かって努力して前進する秘訣は、勤勉か休息のいずれかではない。その両方だ。

哲学者はこの種の考え方を〝**非二元論**〟と呼ぶ。

非二元論思考とは、世の中は複雑で、多くのことにはさまざまな背景があり、真実はしばしば矛盾の中に見つかることを意識することだ。**「これかあれ」ではなく、「これであり、あれでもある」**ということだ。

本書のテーマを含め、人生のさまざまな面において非二元論思考は重要な概念であるにもかかわらず、驚くほど活用されていない。そんなわけで、非二元論については本書を通して何度も取り上げるつもりだ。

安定性と変化に非二元論思考を当てはめるとおもしろいことが起きる。安定、つまり恒常性を目標としなくなるのだ。といっても、安定をもたらすものをすべて犠牲にして、人生の気まぐれに身を任せるわけではない。むしろ、こうした性質を融合して、わたしが〝ぶれない柔軟性〟と名づけた資質を発達させるようになる。

ぶれないこととは、タフで決意が固く、耐久性があることだ。柔軟であることとは、環境や状況が変わろうとも主体的に対応すること、順応して、屈することなく状況に合わせることだ。

これらを組み合わせると、気骨のある我慢強さ、変化に耐え、変化のさなかで活躍できる反脆弱性《はんぜいじゃくせい》となる。これがぶれない柔軟性、すなわち変化しつづける人に不可欠な資質だ。混乱と混沌の期間をうまく乗り切り、長期にわたって耐え抜くために必要な資質である。

ぶれない柔軟性を身につけることとは、混乱が起きたあとに物事が元の状態に戻ることはないと認識することだ。もはやかつての秩序はなく、あるのは再構築された秩序だ。ぶれない柔軟性の目標は、有望な新しい秩序にたどり着くことだ。核となるアイデンティティを失わないよう維持しながら、順応し、進化し、そして成長することだ。

変化に対するかつてのアプローチとは異なり、ぶれない柔軟性を持つ人は、変化をたまたま自分の身に起きたひどい出来事とは捉えない。人生に絶えずつきまとう現象、自分自身も常に参加しているサイクルだと考える。

こうして考え方を変えると、変化や混乱を対話すべき対象と捉え、あなたと環境とがダンスしているようなものだと思えるようになる。ダンスの腕前が上がれば上がるほど、あなたはより幸せで、健康で、強い人間になれる。

ぶれない柔軟性の原理

この数年間、わたしが数えきれないほどの時間をかけて考え続けてきたことがある。

変わることをマスターするために、ぶれない柔軟性をどう役立てられるか？

この資質を身につける最良の方法は何か？

哲学や心理学の本を何千ページと読み、最新の脳科学の論文を徹底的に調べ、何百人ものさまざまな分野の専門家にインタビューした。

わたしがこの旅に出たのは、自分自身のためであり、コーチングしているクライアントのためであり、読者のためである。この先の本編は、この旅を通じてわたしが見つけたことだ。

本書は3パートに分かれている。「柔軟でぶれないマインドセット」、「柔軟でぶれないアイデンティティ」、そして「柔軟でぶれない行動」だ。

各パートでは、ぶれない柔軟性の基礎として不可欠な資質、習慣、実践方法をエビデンスに基づいて詳しく説明する。

PART1では、「柔軟でぶれないマインドセット」を身につける方法を学ぶ。このマインドセットを身につければ、変化に対して協調的に対応できるようになる。

また、変化がしばしば混乱をもたらす理由、所有志向と存在志向の違い、さらにははかなさを知ると最初は怖いと感じるかもしれないが、最終的には力が湧いてくる理由も説明したい。

意識の働きに関する刺激的な最新の研究を掘り下げ、「悲痛な状況下での楽観主義」と呼ばれるきわめて重要な感性を育む方法も伝授したい。

柔軟でぶれないマインドセットを身につけると、人生の流れを受け入れ、困難な人生が待ち受けているだろうと予測できるようになる。逆説的に聞こえるかもしれないが、その結果、変化——つまり人生——に対応するのが少しだけ楽になる。

PART2では、「柔軟でぶれないアイデンティティ」を身につける方法を学ぶ。このアイデンティティを身につければ、周囲が常に変化していても、自分というものを理解できるようになるだろう。

古くから伝わる自我にまつわる教えについて掘り下げ、自我が変化に抵抗する理由を考え、自我の強さは実は役に立つことを説明しよう（もっとも、自我はやがて邪魔になる日が来るのだが）。複雑性理論、システム思考、生態学に関する最新の研究も掘り下げる。

さまざまな分野を探求していくと、やがて2つの重要なテーマにたどり着く。すなわち、流動的な自己認識を発達させることと、未来への道筋のために柔軟でぶれない境界線を作ることだ。

PART3では、「柔軟でぶれない行動」の取り方を学ぶ。

変化と対話すると主体性をいくらか放棄せざるを得なくなるが、全面的に放棄する必要はない。自分に起きることはコントロールできないが、起きたことにどう対処するかはコントロールできる。

非常に興味深い最新の研究によると、人格の中核にあるのは思考ではなく、思考を生み出す感情や態度だという。性格に関する神経科学を深く掘り下げる予定だが、脳科学によると、脳のハードウェアはかなり硬直的ではあるものの、ソフトウェアは順応性があり、人間の行動に基づいてアップデートされるという。特に感情的に動かされるような状況ではその傾向が強い。

これは朗報だ。脳のこの作用をうまく使えば、反応する代わりに主体的に対応することや、苦しみを意味に変えることができるのだから。

人生は道路か、小道か？

本文に入る前に、道路と小道の違いを少しだけ考えてみよう。この違いは、この先を読み進める上でメタファーとして役立つからだ。

道路はまっすぐだ。ここから目的地までできるだけ速く、できるだけ労力をかけずに到着することを目的としている。道路は風景を妨害する。環境と協調するどころか、道筋にある邪魔なものを掘り返して敷かれる。

道路を進む時、人は目的地を知っている。道路から外れることがあれば、それは間違いなく悪いこととされ、元の道路に戻って、スムーズに歩き始めることになる。道路の両側からおもしろそうな機会に誘惑されるかもしれないが、道路の上を歩いている時は、道路から外れずにできるだけ速く目的地にたどり着くことが目標になる。

他方で、小道はまったく異なる。

小道は周囲の景色と調和する。小道を歩いている時は、どこへ向かっているのか大まかな感覚はあるだろうが、道なりに進もうと思えば、どんな回り道でも歩いていける。小道は周囲の環境から独立しておらず、環境の一部だ。

道路から外れると、ショックを受けて方向感覚を失うかもしれないが、小道には「外れる」という概念がない。なぜなら小道は常に展開していて、その姿を徐々に現していくからだ。

道路は時間や悪天候に抵抗し、緊張状態が積み重なるにつれて、ひびが入ってぼろぼろになる。小道は変化を受け入れ、変化に合わせて道筋が変わり続ける。最初は道路のほうが強固に見えるが、小道のほうがずっと頑丈で、耐久性があり、粘り強い。

強くて永続性のあるアイデンティティを育むということは、自分の人生を小道のように進むということだ。そのためには〝秩序〟のある時期や道筋に執着しすぎないようにしよう。執着すると、益よりも害のほうが大きく、さまざまな機会を逃すだろう。

膨大な科学的な研究結果によると、混乱期に個人や組織、文明社会が経験する苦痛（〝アロスタティック負荷〟と呼ばれる）が大きいほど、病気や衰退の可能性が高くなるという[7]。

幸いにも、同じ科学的な研究によって、**わたしたちは変化を経ると強くなって成長することや、行動によって変化を切り抜けられることがわかっている。そしてそのような能力を開発したり、実践したりできる**という。本編ではその全貌を解説する[＊＊]。

＊＊道と小道との違いについて初めて深く考えたのは、ウエンデル・ベリーが1968年に発表した「ネイティブ・ヒル」（未邦訳）というエッセイを読んだことがきっかけだった。このエッセイの中で、道と小道の風景の違いが考察されている。

PART 1

柔軟でぶれない
マインドセット

Master of Change

第 1 章

人生の流れに
心を開く

How to Excel
When Everything Is Changing–Including You

それは生涯忘れられない旅になった。といっても誰にも想像できないような理由で、だが。

20代前半のプロの登山家トミー・コールドウェルは、キルギス共和国の辺境にある山の登頂に挑んでいた。同行者は恋人のベス・ロデン、親友のジェイソン・スミス、写真家のジョン・ディッキー。みんな熟練の登山家たちだった。

冒険を始めて数日後にカラスウ渓谷の最深部に到着した。アメリカのヨセミテ国立公園を彷彿とさせるような、垂直に切り立った岩壁がそびえる渓谷だ。過酷な岩登りがしばらく続いたあと、休息なしには進めないほど疲労困憊に至ったため、ポータレッジを使ってビバークすることになった。ビバークとは露営で夜明かしすること、ポータレッジとは崖につるすアルミニウムでできた就寝用プラットフォームのことだ。

星空の下で、人生をかけるほど愛する山と隣り合うようにして横たわったコールドウェルは、身体的にも感情的にも精神的にも高揚して力がみなぎるのを感じた。一行は息を抜いてリラックスし、安らかな夜が訪れるのを心待ちにした。

だが、イディッシュ語の古い格言にあるように、「人間が計画を立てれば、神が笑う」ものだ。

落ちついたと思いきや、ほどなくして下から何発かの銃声が聞こえた。最初は反乱軍の間でいざこざが起きたのだろうと思った。なにしろ争いが絶えない地域だったのだ。近くの岩に銃弾が当たって跳ね返ったのを機に、すぐにその考えを改めた。彼らが穏やかに過ごしていたポータレッジが標的だったのだ。

コールドウェル、ロデン、スミス、ディッキーの4人は、武装した兵士と交渉するのが最善策だと判断した。グループの最年長者、といってもまだ25歳のディッキーが崖を降りて交渉することになった。懸垂下降して山の麓《ふもと》に降り立ったディッキーは、間もなくウズベキスタン・イスラム運動（ＩＭＵ）の武装した3人の兵士に取り囲まれた。ＩＭＵはキルギス国内に独立したムスリム国家を樹立しようと闘っている軍事組織だ。

兵士らはほとんど英語を話せなかったが、アメリカ人を見逃す気はないことは明らかだった。ディッキーは残りの3人に山を降りてくるようにと無線で呼びかけ、全員が捕虜として捕らえられた。自分たちの処遇についてはあいまいな状況のようにも思われたが、それも拘束から数時間後には明らかになった。彼らと同じく捕虜だったキルギス軍兵士が、ＩＭＵの兵士によって射殺されたのだ。

それから5日間、彼らは兵士に銃を突きつけられて山地を歩き続けた。夜はひたすら歩き通し、日中になるとキルギス軍に見つからないようほら穴に隠れる――それを繰り返したのだ。食糧は与えられず、汚水で我慢するしかなかった。寒く、体調が悪く、飢えてもいた――希望という糸にすがりついていたが、それが刻一刻と細くなり、今にも切れそうに感じられた。

6日目になると、状況は全員にとって耐えがたいものになった。ＩＭＵの兵士も例外ではなく、食糧を求めて別行動を取ることになった。一人の兵士が、キルギス兵や救助隊に見つからない山中の人けのない場所へ登山家たちを連れて行って、そこで待機することになった。

山を登っていくうちに、登山家たちは、兵士が険しい岩石面になると不安そうな態度を取ることに気づいた。確かに兵士は武器を持っているが、高度が上がれば上がるほど、震えがひどくなって神経質になるのがわかった。

これは絶好のチャンスだとコールドウェルは考えた。

コールドウェルはあることを思いつき、それについてさんざん悩んだ末に、何をすべきかを悟った――自分がやらなければならないことも。

一行は幅がせまく足場の悪い岩壁の上にたどり着いた。張り出しは小さく、立っているのがやっとだ。このような地形は4人の登山家にはおなじみだったが、ＩＭＵの兵士は違った。兵士はもはや捕虜を気にするどころではなく、自分の足下が気になり、恐怖で頭がいっぱいのようだ。

コールドウェルは身体と精神を集中させ、すばやく兵士の背後にまわって全力でその背中を押した。

ドスン、カタンカタン、ドサッ。兵士は崖から転落し、岩棚に激突してはずみ、無限の闇の向こうへと消えていった。コールドウェルは自分がやったことが信じられなかった。「人を殺してしまった。突然、世界が崩れ落ちるほどの衝撃を受けた」と彼は回想している。[1]

だが、登山家たちには何が起きたのかを振り返る時間はない。別の兵士が近くに潜んでいるからだ。逃げないと殺されてしまう。すぐに気を取り直し、4時間以上走り続けてようやくキルギス軍の基地にたどり着いた。そこで食糧と水をもらい、ほどなくしてヘリコプターに乗せられて山岳地帯をあとにし、最終的にアメリカへと送り返された。

コロラド州ラブランドの自宅に帰って間もなく、コールドウェルはあの出来事の重大さを実感し始めた。「自分は邪悪な人間だと思いました。『あんなことをしたのに、どうしてまだぼくを愛せるんだ?』とベスに聞いたぐらいです」と当時を回想した。

コールドウェルは、あの経験が自分を大きく変えたという事実にとらわれた。もはや親切で陽気で楽観的な登山家ではなかった。人殺しなのだ。このひどく残酷な出来事を自分のストーリーに組み込もうとするうちに、快活でエネルギッシュなかつての自分を失い、抜け殻のようになった。友人や家族の目には別人のように映った。

あの重大な経験を過小評価したり、抵抗したりして、以前と同じように人生を続けようとした。だが、不安は増すばかりで、他人から距離をおき、自分自身――少なくとも、かつての自分と思う自己像――からも解離する一方だった。

山中の出来事は想像を絶するような経験だったが、いろいろな意味でその後の生活のほうが困難だった。一瞬でアイデンティティが一変したのだ。つらくて混乱するような出来事だった。

変化は混乱をもたらす

変化にうまく対応するにはどうしたらいいのか？　それを掘り下げる前に、変化に適応するのは決して容易ではないことを認識しよう。コールドウェルの経験は極端なものだったが、そこから学べるのは普遍的な教訓だ。多くの人にとって、変化はしばしば精神的動揺、困惑、苦痛をもたらし、結果的に健康や人間関係、才能の開花に悪影響を及ぼすことがある。

だが、本書を読み進めればわかるが、変化それ自体が害をもたらすことはない。問題が起きるのは、変化に気づくのに遅れた場合や、変化を受け入れまいと抵抗し拒否した場合が多い。往々にして、そうした態度が最初の障害となる。

変化に生産的に対処するには、変化をありのままに捉える必要がある。そのためには条件反射的に反応するのではなく、たとえ変化を歓迎できなくても、回避できないものとして受け入れるマインドセットを身につけることだ。本章では、このマインドセットについて議論し、どうすれば身につけられるかを説明したい。まずはストップウォッチとトランプを使った画期的な研究について検証しよう。

20世紀の半ば、ハーバード大学の心理学者ジェローム・ブルーナーとレオ・ポストマンは、人間が予期せぬ変化や不調和なものを見た時、それをどう受け止め、どう反応するのか興味を抱いた。彼らの実験から画期的な事実が明らかとなり、1949年に『ジャーナル・オブ・パーソナリティ』誌に発表された。[2]

その実験では、まず何枚かの変則的なカードが入ったトランプを被験者に見せた。たとえばスペードの6が赤で描かれていたり、ハートの10が黒で描かれているなど、普通でない絵柄が含まれていたのだ。

彼らはカードを一枚ずつちらりと見せては、それを被験者に描写させた。変則的なカードだとすぐに気づいて見たままを説明する被験者もいれば、混乱する被験者もいた。

普通のカードを認識して説明するまでに0．02秒かかるとすると、変則的なカードには0．1〜0．2秒かかることもあった。自分の目に映ったカードを受け入れられない被験者は、反応するまでに、平均して15倍もの時間をかけた。

「何の模様かわかりませんでした。何だったにせよ、トランプに見えませんでした。色も覚えていないし、スペードかハートだったのかもわかりません。スペードってどんな形だっけ。くそっ」と頭を抱えた被験者もいたという。

同じ頃、インディアナ州ハノーバーにあるハノーバー・インスティテュートで視覚的な実験がおこなわれた。研究者たちは、その実験のために、特別仕様の反転レンズを使ってゴーグルを設計した。そのゴーグルをつけると上下が逆さまに見えるのだ。

結果的に、被験者は知覚機能を完全に失い、連想力と方向感覚が極端なまでに狂い、個人的な危機感すら覚えたという。そして何よりも、自分がわからなくなったと述べた[3]。

この2つの実験は社会科学分野の基礎と考えられている。これらの論文が発表されて以来、数多くの実験がおこなわれ、人間が予期せぬ変化に苦労することが示された[4]。なかでも、自分の人格に密接に関わるような変化には苦労するようだ。

実験という安全でコントロールされた環境でそうなのだから、実生活ではさらに過酷になる。トミー・コールドウェルの話を思い出してほしい。キルギスでの彼の経験は、想像を絶する出来事、つまり人生が突然ひっくり返るような出来事に違いない。

世界の主要な哲学は、伝統的に変化を試練として認識していた。

2500年以上にわたって仏教の中核的な目的は、万物が常に流転する世界で、人間が財産や計画や自己像にしがみつこうとして起きる苦悩に対処することだった。サンスクリット語の「viparinama-dukkha」（「壊苦《えく》」）は、大ざっぱには「変化の中で執着によって起きる不満」と訳される。仏教哲学の本質は、無常を受け入れて対処する方法を学ぶことで、このような不満から解放されることなのだ。

仏陀が仏教の教えを考案したのと同じ頃、古代中国の哲学者、老子は『老子道徳経』を書いていた。後に老荘思想という哲学の基礎となるこの本の中で、老子は、人生とは不確実と不安定に満ちた流動的な道であり、その根源はエネルギーの流れだと説いた。「その根源を認識しなければ、混乱し、嘆き、つまずくことになるだろう」とも。[5]

それから数世紀後のヨーロッパでは、後世に広まるキリスト教の平静の祈りを予兆するかのように、ストア哲学者エピクテトスが人生には2つの要素があると説いた。すなわち個人が支配できる要素がいくつか、それから支配できない要素がたくさん。エピクテトスは、人間の苦しみは支配できないものを操ろうとして生まれると考えた。[6]

より近代には、実存主義の哲学者たち――ジャン＝ポール・サルトル、セーレン・キルケゴール、アルベール・カミュ、フリードリッヒ・ニーチェ、シモーヌ・ド・ボーヴォワールら19～20世紀の偉大な思想家たち――がしばしば同じような概念について語っている。彼らは、すべてが移ろいゆく広大な世界の中で生きるうちに、人々の奥底に生じる混乱や不安のことを〝実存的ジレンマ〟と呼んだ。

さらに現代まで時間が進むと、変化に抵抗すると、精神的な苦痛だけでなく身体的な苦痛も生じることが認識されるようになった。慢性的に変化に抗い続けると、体内でストレス・ホルモンのコルチゾールが分泌されることが、科学によって明らかになったのだ。[7] コルチゾールはメタボリックシンドローム、不眠症、炎症、筋肉の減少など、さまざまな病気との関連性が高いと考えられている。

この2500年間で変わらない唯一のことは、変化が心と身体にとっていかに負担であるか、そして変化に抵抗することがいかに不毛で不健康であるか、ということだ。

幸いにも、変化に対処する方法さえわかれば、いちいち変化に翻弄されずに済むだろう。前述したブルーナーとポストマンの実験でも、被験者が変則的なカードを認識して、それをニューノーマルとして受け入れた途端に混乱は収まったという。ハノーバー・インスティテュートでおこなわれた反転レンズのゴーグルの実験でも、被験者が上下逆さまの視界に断固として抵抗するのをやめて、それを受け入れてリラックスし、心をオープンにすると、ほどなくしてその反転した視界を理解して、自分の位置を再び把握できるようになった。

仏教、老荘思想、ストア哲学、そして実存主義。すべてが、変化は絶え間なく起きるという必然性を受け入れて対処することを学べば、有意義で充実した深い人生を送ることが可能だし、そうなる可能性が高くなると説いている。

現代科学も、変化に抵抗することは健康に悪影響だと実証すると共に、変化を断固として拒絶するのをやめれば、変化によって健康や長寿、成長が促されることを示した[8]。

これらすべてをまとめると、共通のテーマが見つかる。すなわち、**人生の流れに心を開いて変化を受け入れる**ことだ。それはつまり、変則的なカードをそれぞれの経験の中に吸収することであり、時に上下が逆さまに見える世界であっても、そういうものだと慣れることでもある。

これは簡単なことではない。簡単だったら、みんなやっているだろう。もっとも、ほとんどの人は自分が変化に抵抗している場合、それに気づいているのではないだろうか。「一体何が起きているのか？　これにどう対処できるか？」などと自問すると、心の底では自分を欺いていることを知っていたりする。こうした問いに、すぐに答えが出る場合はともかくとして、せっせと言い訳したり、合理的な根拠をひねり出そうと知恵を絞ったりする時は、抵抗が鬱積している可能性が高いだろう。

最初は難しいかもしれないが、率直に答えを出すことができれば、抵抗や否認や幻想が蓄積されてできた重荷を下ろせるだろう。それを取り除けば、自分の身に降りかかってきたこととして変化に支配されるのではなく、変化と向き合って対話できるようになる。すると主体的に動けるようになるだろう。自分の人生に積極的に関わり、自分のストーリーを形づくれるようになる。

変化に抵抗し続ける人たち

15世紀初頭のヨーロッパでは、宇宙の中心は地球だと考えられていたが、それは当時の宗教的な教義と深く結びついた通説でもあった。教会は、人間は神によって創られて宇宙の真ん中に置かれたのだと主張していたからだ。

だが、大胆な数学者で天文学者でもあった人物の頭の中では、その説は現実としてはあり得ないものだった。神は全能かもしれないが、数学的におかしいのだ。

1514年、ニコラウス・コペルニクスは宇宙にまつわるエレガントな仮説をごく限られた友人たちに打ち明けた。日の出と日の入り、星の動き、季節の移り変わりは、天の采配によるものではない、これらは地球が太陽の周りを回転することで起きる現象だと主張したのだ。コペルニクスは、その後29年をかけて著書『天球の回転について』の最終原稿を完成させた。

自身の傑作が反発を招くかもしれないと感じたコペルニクスは、外交的手段として、当時のローマ教皇パウルス3世にその本を捧げることにした。[9] そうした努力が実り、その本は教会の禁書に指定されずに済んだ、少なくとも当面の間は。[10]

コペルニクスは、自身の理論が大衆に受け入れられる日を目にすることはなかった。『天球の回転について』の出版から2か月後の1543年5月に亡くなったからだ。

『天球の回転について』がしばらく流通したおかげで、若き天文学者がこの仮説を基に別の仮説を発展させることに成功した。1564年にイタリアのピサで生まれたガリレオ・ガリレイだ。

幼い頃から天空に魅了された彼は、さまざまな文献を読みあさった結果、コペルニクスの仮説がもっとも理にかなっていると考えた。当時、コペルニクスの仮説は〝heliocentrism（太陽中心説）〟と呼ばれていた。「太陽が真ん中」という意味の言葉だ。ガリレオは何年もかけて太陽中心説を修正して世に広めようとした。ところが彼の知性が全盛期だった１６１６年、教会はガリレオに太陽中心説を教えるのをやめるよう命じ、命令に背けば悲惨なことになると警告した。

　しかし、ガリレオに思いとどまる気はなかった。１６３２年、彼は著書『天文対話』を出版して、太陽中心説の正当性を明言した。間もなくこの本は禁書に指定され、ガリレオは異端審問所に出頭するよう命じられた。異端審問所とは、ヨーロッパとアメリカ中の異端者を根絶して処罰することを目的として、カトリック教会内に設置された強力な裁判所のことだ。ガリレオは軟禁刑を宣告され、10年後の１６４２年に亡くなるまで軟禁状態に置かれた。

『天文対話』は、その後１１１年間禁書リストに載り続けた。厳しく検閲された版がようやく再出版されたのは１７４４年。原著が公開されたのは１８３５年で、初版が出版されてから２００年以上が経っていた。同年、教会はついに『天球の回転について』の禁書指定を解除した。[11]

　この世にもし天国が存在するなら、天国にいるコペルニクスとガリレオは、太陽の軌道をまわる地球上に住む何百万もの人々が自分たちの著作を読んでいる姿を見て、笑みを交わすだろう。

幸運にも、その後の400年間で実に多くのことが変わった。科学的研究法（データを集めて仮説を検証すること）とは、本質的に現実に対する先入観を検証して変化を受け入れることであり、今では世界中でこのような考え方が主流になっている。もっとも、今もなお誰かが斬新な概念を提唱すると、さまざまな混乱や議論が生じるが。

哲学者のトーマス・クーンは、その有名な著書『科学革命の構造』の中で、科学の進歩は予測可能なサイクルで展開すると述べている。

第一段階は通常科学だ。この段階では、物事のあり方について一般的な合意がある。そこで誰かが何かを発見すると、確立された物の考え方がひっくり返る。その結果としてしばしば危機がもたらされ、その後は混乱と不安な時期が続く――社会的には、前述した上下が逆さまに見えるゴーグルをはじめて装着したのと同じような状態になる――が、やがて新しいパラダイムにたどり着く。クーンが科学の進歩として描いたのは、本質的には「秩序→無秩序→秩序の再構築」のサイクルだ。

新型コロナウイルス感染症について考えてみよう。クーンが説明したプロセスが急速に展開して、今もなお進行中であることがわかる。新型のウイルスが世界に広まってから2年と経たずして、科学はこのウイルスの感染経路やDNAを解明して、効果的なワクチンと治療法を開発したのだ。もっと効率的かつ迅速にやることは科学的に可能だったのか？

――もちろんだ。だが、ここで出来事を客観視して数百年前の状況と比較すると、新型コロナウイルスを受け入れて対応した過程が奇跡のように見える。

もっとも、クーンによると、世の中には変化に抵抗し続ける人が常に一定数いるという。[12] 彼らは苦々しい結果になるまで抵抗し続け、現実に目覚めた時に激しく悔やむことになる。残念ながら、今もそうしたケースが繰り返される。

扇動政治家や権威主義者や詐欺師は、無秩序な時代に繁栄するものだ。彼らは、現状に不満を抱く人や不安を覚える人に、現状を誤って認識させて安心感を与える。彼らは過去の代理人であり、より良い状況になるよう前進する代わりに、現状をかつての状態に戻そうと闘う。本書に政治的な意図はないが、大衆の漠然とした不安をあおり、不安につけ込もうとする強権的な指導者が世界中で復活している現状に触れないわけにはいかない。

この現象は、わたしの祖国アメリカでも見られる。2016年、アメリカではドナルド・トランプとトランプ主義――「Making America Great Again（アメリカを再び偉大な国に）」というあいまいな主張で特徴づけられる政治運動――が台頭した。

トランプ主義に不安を覚えるかもしれないが、驚く必要はない。本章の冒頭で述べたように、多くの人は変則的なものを見ると混乱する。ＬＧＢＴＱや女性の権利の向上。気候変動とこの問題を解決するための代償。奴隷制度の遺産を精算して、真の人種的平等を実現すること。悲惨でむごい犠牲者が後を絶たないのは緩すぎる銃規制のせいだと気づくこと。テクノロジーと自動化が進んだ経済に適応すること——これらすべてが、多くのアメリカ人にとっては想像すらしたことのない変則的なカードなのだ。

トランプ主義を始めとする類似の政治運動は、大衆の混乱につけ込み、自分たちの運動に加われば、変化の波から逃げられるし、現状も今の安定も維持できますよとささやき、誤った希望を与える。言うまでもなく、世の中には抗うべき変化もある。たとえば、ナチズムのような邪悪な勢力が台頭した場合だ。だが、基本的な科学、基本的な権力、基本的な良識、基本的なリベラリズムに反抗しても意味がないし、ましてやこれらの理念の上に築かれ、これらの理念のおかげで機能している社会に反抗しても不毛なだけだ。

トランプ主義は、こうした社会的な発展をすべて過小評価し、抵抗し、否定しただけでなく、新型コロナウイルスもまったく同じように扱った。だが、これはすべて予見可能だった。なぜなら、こうした態度の根底には同じ症候群が潜んでいるからだ。

すなわち、やみくもに変化を恐れること、変化を受け入れまいとするかたくなな姿勢、変化に生産的に対応しようとしない怠慢な態度——ぶれない柔軟性とは正反対な考え方だ。弱腰で硬直的なのだ（参考までに、反自由主義者は右派ばかりではない。政治的な左派の中にも、オープンな議論を避けて事実をねじ曲げようとする人はいる。もっとも、個人的には彼らは右派ほど頑固ではないと思うが）。

トランプ主義をはじめとする政治運動は、短期的には安心感をもたらしても、長期的には悲惨な結果に終わる恐れがある。時代に逆行しようとして袋小路に入り込んで、取り返しがつかないほど社会が分裂するかもしれない。

忘れないでほしい、人生は変化だということを。**変化を恐れることは、いろいろな意味で人生を恐れることだ**——そして慢性的な恐怖は、自分自身にとっても、文化にとっても害になる。

だが、不確実性やはかなさと向き合うスキルを身につける人が増えれば、詐欺師や扇動政治家や権威主義的な指導者をそれほど心配する必要はなくなるだろう。結局のところ、誰もがみな不確実性とはかなさの究極的な根源——死ぬ運命——を共有しているのだ。

もしわたしたちが死を含めた不測の事態にもっと勇敢に向き合えるようになれば、もし恐怖心を麻痺させるためにスケープゴートや強力な指導者を必要としなくなれば、そしてもっと冷静に変化を受け入れられるようになれば、思いやりや信頼、希望があふれる社会が生まれ、極端な思想や孤独や絶望感といった問題が解消されるのではないだろうか。

変化を受け入れる道のり

トミー・コールドウェルの話に戻ろう。本章では引き続き彼をケーススタディとして取り上げたい。

彼は過酷な体験を乗り越えようと努力していた。キルギスでの事件が起きる前と同じ人間には戻れないかもしれない。だが、彼の中には喜びの感情が残っていて、自分の人生の物語はまだまだ続きがあることに彼は気づいた。

とはいえ、コールドウェルが再び地に足をつけるのを助けてくれたのは、何よりも高い岩壁をよじ登ることだった。彼にとって、山登りはもっとも価値ある行動だったし、山頂から下界を見渡すと、本来なら圧倒されるほど大きくて複雑な世界が、自分にも扱うことができる小さな世界に見える。すると、大きな変化であっても、何とか自分の人生に組み込んで、未知なる未来に向けて堂々と歩き出そうと思えるようになるものだ（このテーマについては本書のＰＡＲＴ２とＰＡＲＴ３で扱う）。

コールドウェルにとっては、登山がブレイクスルーのきっかけとなった。登山は現実逃避ではなかった。そんな不健康なものではなかったし、現実逃避のために山に登るのは不可能だっただろう。

フラッシュバック、折に触れて湧き上がる恐怖、そして「自分はどういう人間なのか？　どれだけ残酷なことができるのか？」といった疑問が、いまだに彼を悩ませていた。だが、捕虜になった時もその前も後も、登山はコールドウェルの一部だった。登山は彼の人生全体を貫く一本の糸であり、人生に連続性をもたらすものでもあった。

仮にあなたが地上から何百メートルも上空で、幾何学や物理学の難問を解くならば、あなたは目の前のことに集中し、ひたすら現在に意識を向け続けるしかない。何が起きたかとか、何ができただろうかなどと考える余裕などない。

山に登るうちに、コールドウェルは少しずつ自分を取り戻していった。といっても前とは違う新しいバージョンの自分だ。

「問題を解決するために、わたしは再び前と同じ生活に戻り登山を再開しました」と彼は言い、こう続ける。

「キルギスの事件はまだ消化できていませんでしたが、あれで自信がついた部分もあります。窮地に立たされた時に、やるべきことをやって、そこから逃げ出せたんですから」

キルギス旅行の帰国から18か月後の2001年11月。コールドウェルはコロラド州エステス・パークでロデンと一緒に暮らしていた。当時23歳だったコールドウェルは家を改築中で、その日は新しい洗濯機と乾燥機を置くための台を作っていた。ツーバイフォーの木材をテーブルソーで削って形を整えようと、木材を長辺に沿ってテーブルソーに送り込んでいると、突然、小さな破片が飛んだ。テーブルソーの電源を切って、何が起きたのかを調べると、黒い台の上に水滴が数滴落ちていることに気づいた。

著書『ザ・プッシュ』（白水社）の中で、彼はこう回想している。「左手に目をやると、指の断面から血がごぼごぼと湧き出ていた。まるで公園の水飲み場の水栓から水が流れているように見える。人さし指の白い骨がのぞいている……頭が真っ白になった。左手の人さし指なしで、どうやってクライミングをすればいいんだ？」

コールドウェルはめまいに襲われた[13]。数回まばたきして、深く息を吸った。指を見つけなければ。

「作業台の上を見回し、台の横を見て回った。左手を心臓より高くするように気をつけながら、地面も探した。ベスを驚かせたくなかったので、家のほうに向かって落ちついた声で呼びかけた。『指を切り落とした。ちょっとこっちに来てくれる？』」

ロデンが外へ走り出てきて、刃のそばにあった指の断片に気づいた。削りくずの中からすばやく指を拾い上げ、冷水が入ったジップロックに入れた。それから二人で最寄りの病院に駆け込んだ。

医師たちはコールドウェルにノボカインという麻酔剤を注射して、指を氷で包むと、近隣の町フォートコリンズにある設備の整った大きい病院に行くよう指示した。車で一時間ほど離れた病院だ。

それから2週間、医師たちは指を接合しようとあらゆる手を尽くし、3種類の異なる手術を試みた。結局、現代医学をもってしても、テーブルソーと指の解剖学を合致させることはできなかった。靭帯《じんたい》と神経終末の構造が複雑すぎて、指を元通りに接着することはほぼ不可能だったのだ。

ロッククライミングには人差し指が欠かせない。岩を登る時は、「ホールド」と呼ばれる小さな出っ張りに人差し指を置き、その上に親指を重ねて支える。人差し指なしで山登りすることは、片手でバスケットボールをするようなものだ。不可能ではないが、エリートレベルでやることなど想像もできない。登山家のキャリア全盛期に突然人差し指を失い、四本指で登る技術など身につけていないのだから。

医師からは、別の仕事を探したほうがいいと言われた。

「ベスと両親以外の人たちはみな、『彼はもう終わりだ。かわいそうに』と言わんばかりの表情でわたしを見ました」と彼は当時を回想する。

コールドウェルの道が、またしても一瞬で様変わりした。

だが彼は、対処すべき変則的なカードをすばやく見きわめ、現実を拒否したり絶望したりして時間を無駄にはしなかった。

「登山を再開した時、驚くほどの高揚感を覚えました。何に集中すべきか、どこへ向かうべきかもはっきりしていました」と彼は言う。

「失敗をくよくよ考えても仕方がないと悟ったんです。痛みは成長の糧になるし、トラウマは集中力を高めてくれると自分に言い聞かせました。家族以外の人は誰も、わたしが完全に復活すると期待していませんでした。そう思うと奇妙な解放感がありましたね」

肉体的にも精神的にも相当つらかっただろうが、彼は左手の人差し指を失ったという事実を受け入れ、仕事に復帰した。つまり今までと同じゲームに臨んだのだが、ぶれない柔軟性を活かして、新しいカードでプレーすることにしたのだ。登山はハードな活動で、失望と挫折の繰り返しだった。以前だったら目をつぶっていてもできたことも、複雑で難しい作業に思えた。しかし彼はくじけることなく辛抱強くやり続けた。

どこまでできるか確信はなかったし、この障害はたいした問題ではないといった幻想も抱かなかった。彼はただ運命を受け入れて、自分の道を歩み続けた。その道がどこまで続くかは不確かだったものの、だんだん気にならなくなった。彼は抵抗という重荷を手放して、人生の流れに心を開いていった。

あなたは所有志向か、存在志向か？

「もし私が私の持っているものであるとして、もし持っているものが失われたとしたら、その時の私は何者なのだろう？」――1976年、博識家のエーリッヒ・フロムは晩年に出版した著書『生きるということ』（紀伊國屋書店）の中でそう自問した。[14]

フロムがこう自問するのも、もっともだ。

彼は70代半ばで、この本の原稿を書いていた。それまでの人生で、彼は祖国を追われ、祖国がナチスに破壊される様子を海外から見つめ、結婚して離婚し、心理学者、精神分析医、社会学者、哲学者という肩書や学問の範囲を超えて研究し、20冊以上の本を出版した。晩年にはいくつもの深刻な病状に苦しめられ、同僚や友人たちが次々と衰えて亡くなるのを見守った。

要するに、フロムは紆余曲折の多い人生を懸命に生きた。彼は、人生のはかなさと変化を何度も経験したのだ。

『生きるということ』で取り上げられる主要なテーマは、シンプルだが深い。所有志向の人は、所有物で自分を定義する。だが、物や身分といったものはいつ失ってもおかしくないため、人はもろい存在になる。

「私は持っているものを失うことがありうるので、必然的に、持っているものを失うだろうと、たえず思いわずらう。……愛を、自由を、成長を、変化を、未知のものを恐れる」とフロムは書いている。[15]

他方で、存在志向の人は、自己の中の深い部分——たとえば、自分の本質、中核的な価値観、どんな状況であろうとも対応できる能力など——を自分のことだと認識する。**所有志向は静的で、変化を拒む。存在志向は変動的で、変化を受け入れる。絶え間なく変化する現実を考慮すれば、後者が有利だ**とすぐにわかるだろう。

トミー・コールドウェルが現状を受け入れるには、それまで所有していたもの、つまり計画や若者らしい無邪気さや人差し指といったものを手放す必要があった。そして自分の人生と対話し、人生で何が起きようとも、それと向き合う必要があった。

存在志向を身につけるとどんなメリットがあるのか？　共感しやすい実例として、わたしのクライアント、クリスティンの話を紹介しよう。

新型コロナウイルス感染症のパンデミックが始まる何年も前から、彼女はマーケティングディレクターとして働いていた。勤務先は、彼女の夫が二人の知人と共同で設立したフィットネス企業だ。成長著しいその会社での彼女の仕事はウェブサイトのデザイン、コピーライティング、イベントの企画、新入社員の受け入れ、会員とのコミュニケーションなど、刺激的で幅広かった。

「仕事はハードで労働時間も長かったけど、今まで携わった仕事で一番やりがいのある仕事でした」と彼女は言う。

2020年3月、パンデミックが現実味を帯びる中、会社は実店舗のジムを閉鎖せざるを得なくなった。幹部は慌てふためき、新型コロナ感染症の対応計画を次々と実行し、実店舗なしで会員に価値を提供し続けようとあらゆる手立てを尽くした。だが、営業停止期間が長引き、外出自粛期間が3週間では済まないことが明らかになった。

この状態が何か月も続くかもしれない。会社は突然、成長モードからサバイバルモードに切り替わった。つまり、クリスティンに給料を払い続ける余裕がなくなったのだ。クリスティンも、夫とローンを組んで最初の家を購入したばかりで、無償で働く余裕がなかった。

「管理職を解かれるのは、どうにも納得できませんでした。見捨てられたみたいな気持ちでした」と語るクリスティンはこう続ける。

「ジムでトレーニングできなくなりました。トレーニングをすると、自分はもう会社のマーケティングディレクターじゃないと思い知らされるので。もちろん、そのせいでさらに不安が増しました。10年ぐらい前から、難しい問題に直面するたびに、ウェイトトレーニングで気晴らししてきたのに、それができなくなったんです。わたしはどんな人間なのか、コミュニティでの自分の役割は何なのか、わからなくなりました。自分を見失ったんです」

善かれ悪しかれ、彼女にはくよくよしている時間はなかった。彼女と夫にはお金が必要だった。仕事を探し始めて数日後、頭の中でこんな声が聞こえた。

「作家にチャレンジしてみたら?」

物心ついた頃から、クリスティンは書くことが大好きだった。他の子たちが宇宙飛行士や医師、獣医になりたがるのに対して、彼女はいつも作家になりたいと思っていた。

大学で英語学を学んだものの、卒業する頃には作家は職業として現実的ではないと自分に言い聞かせた。自活するにはもっと実用的な仕事に就かなければと考えたのだ。

そこでクリスティンは、執筆業務を伴う実用的な仕事に就いた。最初は英語の先生になって、作文を教えた。次にカリキュラムデザイナーになって、授業計画を立てた。その後マーケティングディレクターになって、キャッチコピーや戦略計画を書いた。

パンデミックで思うように外出できなくなると、彼女は無情にも「確実」で「安定」した仕事を奪われた。人生ではいろいろなことが起きては消えていくが、執筆への情熱と作家になりたいという願望だけはいつも心の中にあったことに、彼女は気づいた。

クリスティンからこの話を聞いた時、わたしは彼女に失うものがあるかと尋ねた。彼女の文章を読んだが、十分な力量があった。わたしは、多くの人たちが挑戦すらしないのは、完璧を目指そうとして途中でくじけてしまうからだと説明した。実際には及第点でも通用する場合が多いのに。

みんなから背中を押されるより先に、クリスティンは広告コピーの作成やゴーストライティングの事業を立ち上げた。少しずつ仕事を受注し、地元で事業を宣伝し、注文に応じてクリエイティブな文章を作成するサービスを拡大させていった。

クリスティンの執筆ビジネスは順調に成長し、自信をつけた今では、大きな創作プロジェクトを始めようと思えるまでになった。ジムに復帰してウェイトトレーニングも再開した。

「子どもの頃の夢を叶えようと努力しているなんて、我ながら信じられません」と彼女は言い、さらにこう続ける。

「夢を実現するだけでも大変だけど、そのために他のことをあきらめるつもりはありません。大好きだったマーケティングの仕事も辞めるものですか。フィットネス会社を辞めたことは、確かにつらい経験だったけど、辞めなければ、今頃は執筆活動をやっていなかったでしょう。わたしにとっては、この活動こそが人生を精一杯生きることなのです」

変化が著しく、あらゆることが不確実な時代において、クリスティンが苦難を乗り越えて成功するには存在志向が不可欠だった。彼女はすぐに、自分のアイデンティティは所有物、つまりマーケティングディレクターという肩書よりもずっと大きいものだと気づいた。そしてその気づきのおかげで、ぶれない柔軟性を活かして前進することができた。クリスティンの本質には創造力と執筆への情熱があった。どちらも誰かに奪われることのない資質だ。

フロムは『生きるということ』の後半で、喜びとは「自分自身になるという目標に近づく過程において、私たちが経験するものなのである」と述べている。[16] これこそまさにクリスティンが実践していることだ。

現実を直視してはじめて、人は変わることができる

コールドウェルもクリスティンも、所有志向を手放して人生と対話することを選んだ。それだけでなく二人には、ハーバード大学の行動科学者ダニエル・ギルバートが〝**心理的免疫システム**〟と名づけた要素も有利に働いた。

「わたしたちは窮地に陥ると、普段よりも、肯定的なものを探したり見出したりする傾向がある……経験を変えることができないと心の底から理解してはじめて、経験したことについての見方を変えはじめる」とギルバートは書いている。[17]

コールドウェルは指が元に戻らないことを知っていたし、クリスティンはパンデミックが一晩で収まらないことを知っていた。二人とも、それぞれの状況から逃れられないことが明らかだった。

「現時点ではこれが不変の現実だ」と事実を受け入れると、問題が消えてなくなればいいのにと願おうとすることも、自分の都合に合わせて操ろうとすることもなくなる。すると現状を受け入れて前に進むことにすべてのエネルギーを注げるようになる。

重要なのは、現実をしっかりと受け入れることだ。受け入れたつもりになることでも、受け入れると述べることでも、受け入れられますようにと願うことでもない。実際に受け入れることだ。

自分を欺こうとしても、心はすぐにそれを察知する。苦しい状況におかれている人——精神をすり減らす仕事に従事する人など——がどん底に落ちるまで、真剣に現状を打破しようと試みないのはそのためだ。

「この仕事は自分のためにならない、もう辞めなければ」と自分に言い聞かせることはできる。だが、骨の髄までそう思わなければ、精神的・感情的なエネルギーは現状で解決策を見出すほうに向かい、まったく新しい状況を思い描くことはないだろう。自分を欺くのをやめて、厳しい現実を認識すれば、より充実した人生という大きな見返りが得られる。

有意義で深い人生を送る人のマインド

第一次世界大戦が勃発した翌年の1915年、あるいはスペイン風邪が大流行する1918年より3年前、心理学者のジークムント・フロイトは「無常」と題する力強いエッセイを書いた。フロイトが提案した仮説の多くは後世に反証されたが、このエッセイは時の試練に耐え続けている。

冒頭は、フロイトが二人の友人たちとどこかの地方を散歩している場面から始まる。友人のうちの一人は、ライナー・マリア・リルケとおぼしき「年若くして名声を得た」詩人だ。

「その詩人は、私たちをとり巻く自然の美しさに感嘆したものの、それを喜び享受することができなかった。彼の感情を塞ぎ止めたのはこういう考えであった。つまり、これらの美しいものすべてを待ち受けているのは消滅である、冬になればすべて消え去ってしまっているだろう。じっさい、人間の美しさや、人間が創り出した、あるいは創ることのできる美や気高さのどれをとってもそうであるように。これらすべてのものが消え去るということさえなければ、彼は惚れ込み感嘆したであろう。だが、どれも無常であることを宿命づけられているがゆえに、彼にとっては価値が剥ぎ取られて見えたのだ」とフロイトは書いている。

どんなに美しく完璧なものであっても、万物ははかなく移り変わる。フロイトはこの自然の摂理を受け入れる一方で、詩人の厭世《えんせい》観とはかなさへの反抗に対して異論を唱えた。むしろ詩人とは正反対の立場を取っていた。つまり、世の中にあるものはすべて、はかないがゆえに価値があると考えていたのだ。

「無常であることの価値とは、過ぎゆく時の中での希少価値なのだ。享受の可能性が狭まることで、その貴重さは高まるのである。ある草花がたった一夜しか蕾《つぼみ》をほころばせないとしても、そのせいでその花の華麗さが損なわれると感じられるわけではない」とも述べている。

フロイトは詩人にこうした意見をぶつけたが、効果はなかった。詩人は周囲にある美を全身全霊で味わうことができなかった。美を失うことは必然だという事実をどうしても受け入れられなかったからだ。

詩人のジレンマはごく一般的なもので、太古の昔からある。古代サンスクリット語の文献には2種類の変化が登場する。〝**無我**〟と〝**無常**〟だ。

無我とは、不変の我は存在しない、つまり自分だと認識するもの（我）は常に変化するという意味だ。無常とは、あらゆるものが急速に変化することを表す言葉だ。

無我と無常は苦しみを生み出す大きな源でもある。大切なものを失う苦しみだけではない。喪失から逃れようとすれば、人や何かを心の底から愛することで享受できる美しさを経験できないだろう。

フロイトのエッセイに登場する詩人のように、万物は変化するという事実に満足できなければ（少なくとも、そういうものだと思えるようにならなければ）、人生が与えてくれるもっとも厳しい贈り物を受け取れないまま人生を終えるかもしれない。**変化を経験しないよう我が身を守ろうとすると、薄っぺらな人生を生きることになるのではないか。**

仏教には、人生は楽あれば苦ありという言葉がある。後者を経験せずに、前者を経験することはできないのだ。

2015年1月、ロッククライミングというニッチなスポーツに世界中の注目が集まった。何百人ものレポーターがヨセミテ国立公園に押し寄せた。突然、すべての朝のテレビ番組が登山を取り上げ、『ニューヨーク・タイムズ』紙や『ウォール・ストリート・ジャーナル』紙も追随した。

痩せこけて疲労困憊した二人の男が、ドーン・ウォールの頂上にアプローチしていた。畏敬の念を込めて「岩の族長《エル・キャピタン》」、略して「エル・キャップ」と呼ばれる914メートルの巨大な一枚岩。その岩山を制覇しようと、二人の登山家が悪名高い困難なルートを、フリーフォームという人工的な補助具をいっさい使わない手法で登っていたのだ。

このような離れ技は一度も達成されたことがなかったが、挑戦者がいなかったわけではない。史上最高のクライマーたちがドーン・ウォールに挑戦したが、誰も登頂できなかったのだ。そもそも誰もそんなことが可能だとは思っていなかった。ドーン・ウォールはロッククライミングにおける最後の秘境。最難関。アンタッチャブルだったのだ。

フリークライミングをする時、頼れるものは袋入りのチョーク、万が一落下した時に備えての命綱、それから足の指10本と手の指10本だけだ――コールドウェルの場合は9本だが。

3週間に及ぶ挑戦の日々のほとんどを、コールドウェルがパートナーのケヴィン・ジョルグソンを率いる形で岩を登った。食糧を食べ、岩を登る。雨の日も風の日も、天候にさらされながらポータレッジで眠る。そしてそれを繰り返した。ヨセミテ渓谷全体、いやアメリカ全土、または世界中で人類が挑むことができるもっとも過酷なクライミングだったと言えるだろう。
「人間が自分の指を使ってできる一番困難なことは、このルートを登ることだと思う」とコールドウェルは、ドキュメンタリー映画『ザ・ドーン・ウォール』の中で語っている。
「カミソリの刃をつかんでいるみたいだった」[18]
だが、コールドウェルは気にしていないように見えた。彼は並々ならない集中力で登り続けたが、それは登山だけでなく、長年の人生経験と苦闘によって獲得した知恵でもあった。
1月14日水曜日、太平洋標準時の午後3時25分。19日間にわたる挑戦の末に二人は登頂に成功し、世界に轟くような歴史的な偉業を成し遂げた。[19]『ニューヨーク・タイムズ』紙は「不可能を追求した結果、頂点に立つ」という絶妙なタイトルをつけて、この挑戦の経緯を紹介した。[20]
エル・キャップの頂上から沈む太陽を見つめながら、コールドウェルはすっかりゾーンに入ってその瞬間に没入し、目が覚めるような光景とえも言われぬ感情に浸りながらも、すべてが間もなく過ぎていくことを認識していた。高揚感にも、絶望感にも、その間にあるさまざまな感情にも一つの共通点があった。変化だ。

哲学者のトッド・メイは、著書『死』（未邦訳）の中で、もし人間が何らかの方法によって不滅の命を手にしたら、人生は今ほど多くの意味を持たなくなるだろうと述べている。完全に理解するのは難しい概念で、わたし自身も消化しようと奮闘している。個人的な解釈を述べると、仮に人間が永久に生き続けることになれば、やがて人生に飽きるか、ほとんどのことが無意味に思えるようになるということだろう。

もっとも、地球には広大な大地が広がっているし、いつか宇宙旅行が実現するかもしれない。人生は絶え間のない苦行だと感じるようになるまでには長い年月、最低でも数千年はかかるだろう。永遠の命に注目するのではなく、寿命が数千年に延びたと想像してみよう。おもしろい人生になりそうだと思うだろう。

だとしても、肉と骨でできている限り、人間は悲劇から逃れられず、自動車事故や伝染病で命を落とすかもしれない。長い寿命を健康的に全うしようと、ますます用心深く生きるようになるだろう。慎重になりすぎて、人生を満喫できなくなるかもしれない。

生きることは失うことだ。そして確実に失うとわかっているからこそ、人生はより有意義なものになる。[21]失わずして、変わるものがあるだろうか？　若者らしい無垢な心を失うこと。指を喪失すること。失職。計画倒れ。友人との別れ。恋人との破局。物事のあり方がこれまでどおりにいかなくなること。物事はかくあるものだという思い込みが通用しなくなること。

変化について初めてそのように考えると、不安になるかもしれない。本書を書きながら、わたしはずっとこのテーマについて考えていた。この先待ち受ける変化のことを思うと、今も心の底から不安になる時がある。上の子がどんどん成長するのを見ると、特にそう実感する。あっという間に時間が経ってしまった。一時停止ボタンを押したいが、そんなことはできるはずもない。そう思うと悲しくて、目の奥から涙がこみ上げてくるのを感じる。

生きることは、現実に対して無益に抵抗することでも、うわべだけの幻想を抱くことでもない。確かに、喪失という現実はわたしたちを悲しみのどん底に突き落とすし、果てしなく変化し続ける宇宙の前では、自分たちの人生などちっぽけで取るに足らないもののように感じられるかもしれない。

だが、同時にわたしたちは、世の中には不思議なことがたくさんあることや、自分が今ここに存在することは驚異的で奇跡のようなことだと気づき、深い感謝の気持ちが湧き起こるだろう。道を突き進む探検家のように、変わりゆく景色に近づいて触れれば、その分だけ旅路の美しさやおもしろさが増し、充実感で心が満たされるようになる。周囲の景色が変わることを知っているにもかかわらず満たされる、ではない。フロイトが雄弁に語ったように、変化すると知っているからこそ満たされるのだ。

ぶれない柔軟性の一番中核的な要素は、人生の流れに心を開くことだ。といっても、変化や無常に対処するのは簡単ではない。だが、適切に予測して、来るべき挑戦に向けて心や身体を準備するためのスキルを身につけることはできるだろう。

第1章のポイント

人生の流れに心を開く

- 二元論から脱却しよう。白か黒かではなく、白でもあり黒でもある、と考える。
- 変化を拒むと、短期的には気分が良いだろう。しかし、人生の深みや味わいは失われ、能力が開花する可能性も狭めてしまう。長期的に見れば、必ず後味が悪くなる。
- 個人的な問題であれ、社会的な問題であれ、多くの問題は変化に抵抗することで生じる。
- 人生の流れに心を開き、変化を心から受け入れる境地に到達しよう。そうすれば、物事がうまくいき始め、現実的かつ生産的にあなた自身の道を進めるようになる。
- 所有思考ではなく、存在思考を身につけると多大なメリットが得られる。忍耐強さと柔軟性が増し、変化に振りまわされなくなる。所有物に支配されなくなる。
- 窮地に陥った時は、心理的免疫システムを働かせよう。すべてをありのままに受け入れたら、現実はどう見えるだろうか？　これまでとは異なるやり方で現実に対処できないだろうか?

●変化がなければ、わたしたちの生活は退屈でつまらないものになるだろう。有意義な人生を送るには、変化に対処するしかない。

第 2 章

困難を想定する

How to Excel
When Everything Is Changing–Including You

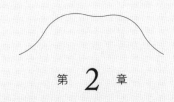

2021年5月、新型コロナ感染症の対策として15か月におよぶ活動自粛、外出制限、感染および死を経て、ようやくトンネルの向こうに明かりが見えてきた。アメリカにおける新型コロナウイルス感染症の患者数は急増した時と同様に激減した。患者数が急激な減少に転じたのは、ワクチン、人々の活動の変化、集団免疫の獲得、そして暖かい気候といった要因が組み合わさったおかげだ。アメリカの多くの地域では、新型コロナに感染する確率よりも自動車事故に遭う確率のほうが高かったぐらいだ。

1年超が経過して、ようやく人々はさほど心配することなく、実家はもちろん、隣人や友人の家に遊びに行けるようになった。当時3歳だったわたしの息子が、友だちが我が家に遊びに来た時に、うれしそうな笑みを浮かべたのを今も鮮明に覚えている。「他の人をうちに入れてもいいんだね。すごいや」と息子は感嘆の声を上げた。それまでの生活で社会的な結びつきといえば、フェイスタイムやズームといった画面越しでのやり取りに限られていたのだから、無理もないだろう。

わたしの妻は、免疫抑制剤を服用している高齢の家族の感染を心配していたが、過度に心配する必要はなくなった。わたし自身も、都市部で内科医として働いている実の兄と兄同然の親友のことを思って大喜びした。二人とも働き詰めで、肉体的にも精神的にも、すっかり燃え尽きるほどに疲労困憊していたのだ。

21年の秋にわたしの新刊『地に足をつけるまで』が発売される予定があったため、わたしはお気に入りの書店で販促イベントが開催されるかもしれないと期待するようになった。大勢の人たちと同様に、わたしはありふれた日常が戻ることを喜んだ――こんなに長く待ったのだから、日常が戻るはずだと誰もが考えていた。

21年7月初旬、再び感染者数が増加し始めた。その大多数が感染したのは、従来株より感染力と重症化リスクが高いと言われる新たな変異株、デルタ株だった。8月になる頃には、新型コロナのパンデミックが始まって以来最速のペースで感染者数が増えた。日常生活が戻ったと思ったのに、すぐに奪われてしまった。

デルタ株による打撃は大きかった。人々はこれまで以上にショックを受けた。それは理解できることだったが、人々がそんなに衝撃を受けた理由はどうにも説明がつかなかった。

誤解しないでほしい。デルタ株の出現は怖いニュースだ。しかし客観的に見ると、ほとんどの人にとっては、パンデミックが始まった頃よりもましな状況だったのだ。

ワクチン――入院患者数と死者数を10~20倍も下げられる科学の奇跡――が開発され、あちこちで入手できるようになった。新しい治療法も出回り始めた。感染経路に関する公衆衛生的な知識が周知され、さまざまなウイルス感染対策が講じられた。

にもかかわらず、デルタ株は大勢の人々に絶望感をもたらした。誰もが「パンデミックは徐々に収束するだろう」という一つの結果を予想していたのに、予想が外れたからだ。

現実は期待によってねじ曲げられている

想像してみてほしい。あなたは一日におよぶ肉体労働を終えようとしている。仕事中は何も食べなかった。お腹がぺこぺこだ。何でも食べられると仮定しよう。あなたは、できれば大好きなアルフレッドソースのスパゲティが食べたいと思っている。

午後5時頃、あなたが仕事をしていると、従兄弟に声をかけられた。6時半にうちに来れば、ミシュランクラスの名シェフが作ってくれた料理をたっぷりごちそうするよ、とのことだ。口の中に唾液がたまってくる。唇をすぼめているかもしれない。空腹度が9から10まで上がっている。

仕事どころではなかったが、何とか集中力を取り戻して仕事を終える。6時半になった。ダイニングルームに案内される間も、お腹が空いてしかたがないぐらいだ。

そこへ突然、いまいましい隣人ビリーが入ってきた。道ですれ違う時に、これといった理由もないのに不満をこぼしてくるタイプの男だ。同じく不満そうな犬をいつも連れている。ビリーは塩気がなくてパサパサになったプレッツェルが入った大きなボウルを持っていた。

彼は「きみの従兄弟がスパゲティをごちそうすると約束したと思うけど、あれはぼくとあいつでしこんだジョークだからな」と言った。それからテーブルにボウルを置くと、「ボナペティ」とつぶやいて部屋を出て行った。

さて、あなたはどう感じているだろうか？

こう問われると、ほとんどの人は腹が立つという。だが、状況は前よりもはるかに良い。結局のところ、たとえ少々パサパサしたプレッツェルを出されたとしても、「空腹で食べるものがない」よりも「空腹だが食べるものはある」ほうがいいに決まっている。

数多くの心理学的調査から、**ある瞬間に人がどれだけ幸福だと感じるかは、期待から現実を差し引いた結果で決まる**ことがわかった。現実が期待と一致する、または期待以上だと、気分が良くなる。現実が期待を下回ると不満を覚える。

幸福度ランキングでいつも上位の国は、必ずしもその近隣諸国よりも恵まれているわけではない。幸福度が高い国の国民は、そもそも多くを期待しない。

南デンマーク大学の疫学者たちが、ある画期的な研究をおこなった。幸福度調査や人生の満足度調査などで、デンマーク国民がいつも他の欧米諸国よりも高いスコアを出す理由を突き止めようとしたのだ。
研究結果が発表された『ブリティッシュ・メディカル・ジャーナル』誌の論文で、彼らは期待の重要性を強調した。「非現実的なまでに高い期待を抱くと、失望して人生の満足度が下がりやすい。デンマーク人は満足度がきわめて高いが、彼らはそもそも多くを期待していない」と書かれている。[1]

この点は他の欧米諸国と著しく対照的だ。概して欧米諸国の人々は幼い頃から、心地よくて楽しい状態こそが幸福だ、そして幸福の状態はずっと続くものだと教えられる。

体内には、外的および内的環境の変化を受けても、内的環境を定常状態に維持しようとする働きがあると考えられていた（恒常性《ホメオスタシス》）。

この古いモデルよりも正確と言われる新モデル、アロスタシスは、体内には予測して調整する機能があると考える。[2]ホメオスタシスがそもそも何も期待しないのに対して、アロスタシスモデルは、人は事前に何かが起きることを予測していると、実際に混乱する事態が起きても苦痛が軽くなると考える。

たとえば、ホメオスタシス理論では、「戦場で脚を撃たれようが、食品雑貨店で脚を撃たれようが、反応は同じだ。脚を撃たれたという事実に変わりはない」と考える。

アロスタシス理論はより正確に、反応は異なるだろうと考える。戦場で脚を撃たれた人のほうが心理的な苦痛が軽く、場合によっては生理学的な苦痛――血液中を循環するホルモンの値を含め、観察できる苦痛――までも軽減される可能性がある。なぜなら、食品雑貨店の買い物客と違って、戦場の兵士には銃撃されることを予測、とまではいかなくても少なくともその可能性が頭にあるからだ。

このことも考慮したうえで、**ぶれない柔軟性を身につけるうえでもっとも重要なことは、適切な期待を定めることだ。**本章では、興味深い最先端の神経科学を紹介しながら、なぜ期待がそれほど重要なのかを追究する。

そして、盲目的な楽観主義や有害な思い込みに陥ったり、暗い見通しで絶望したりすることなく、適切な期待を抱けるよう、強力かつ具体的なエビデンスに基づいた方法を3つ紹介しよう。

さらに、痛みと苦しみは似て非なる現象で、この2つの間にある柔軟な関係についても説明したい。

脳は予測マシン――期待にまつわる神経科学の研究

期待はなぜこれほどまでにわたしたちに影響を与えるのか？

その理由を探ると、前頭前野（思考を司る脳の部位。自発的な活動をコントロールする）と、原始的な機能を持つ脳幹（感覚を司る脳の部位。無意識的な行動をコントロールする）を結ぶ神経回路に行き着く。

神経科学者たちはほんの数十年前まで、脳が世の中をありのままに経験していることが意識として知覚されると考えていた。

ところがエディンバラ大学のアンディ・クラーク（スコットランド）、モナシュ大学のヤコブ・ホーヴィ（オーストラリアのメルボルン）、ケープタウン大学のマーク・ソームズ（南アフリカ）ら神経科学者たちがおこなった最新の研究で、**人間の脳は予測マシンのような働きをする**ことがわかった[3]。

人間の前頭前野は、これから何が起きそうか常に予測している。その予測が脳幹に送られると、脳幹がその予測通りの出来事が起きても対処できるよう、身心のシステムを準備する。

脳がこうして将来に備えるのには理由がある。次に何が起きそうかといった考えや先入観なしで各瞬間と向き合うよりも、予測しておくほうがはるかに効率的だからだ。

想像してみてほしい。あなたは今空港にいて、飛行機に乗ろうと搭乗橋を歩いているところだ。予測機能がなければ、脳はこのまま歩き続ければ崖か、プールか、渋滞した道に落ちるかもしれないと、あらゆる状況に備えようとするだろう。あらゆる可能性に備えていてはきわめて非効率だし、神経のエネルギーが消耗するばかりだ。

進化の過程で、人間は予測力なしで生き残れただろうか。今だったら、何ひとつ物事を成し遂げられない。

『フロンティアズ・イン・ヒューマン・ニューロサイエンス』誌に寄稿された論文の中で、スウェーデンのヨーテボリ大学の神経科学者チームが次のように書いている。

「予測の構成要素を検証すると、神経の下位組織は、伝達系の下位組織から送られてくる信号だけで機能するのみならず、そうした信号を階層的なネットワークに組織し、そこから絶えず変化する予測にも基づいていると考えられる。このように複数の予測を段階状に処理するには、居所的にも付随的にも制御する必要がある。たとえばエラー信号を処理したり、信号の重要性を割り当てたり、安定的でエネルギー効率の高いプロセスを求めてシステムの他の部分のゲイン調整に影響を与えたりする[4]」

わかりやすく言うと、**脳は最初に予測的なシナリオを創るが、現実に合わせて常時シナリオを調整している。そしてシナリオと現実が合致すればするほど、わたしたちの気分は良くなり、エネルギーの消費量も少なくなる、**ということだ。

ノーベル経済学賞を受賞した心理学者のダニエル・カーネマンらがおこなった有名な実

験を紹介しよう。
研究者たちはまず、被験者たちに手が痛くなるほど冷たい水に手を浸すよう指示した。1回目は14℃の冷水に60秒間手を浸す。2回目は14℃の冷水に60秒間手を浸したあと、もう30秒間浸しつづけるのだが、その間に水温を14℃から15℃に上げた。
その後、「もう一度やるとしたら、どちらがいいですか?」と尋ねると、被験者のほとんどは2回目を選んだ。不快感を覚える時間が長引くにもかかわらず、だ。
超冷水に60秒間手を浸すよりも、超冷水60秒間+冷水30秒間のほうが不快感の総量は大きくなるはずだ。だが、2回目では後半から状況が改善するため、被験者はこちらを選んだのだ。[5]
カーネマンのチームは、この研究結果を検証するために、さまざまな状況で類似の実験を再現した。たとえば行列に並ぶ場合だ。ゆっくり進む行列で45分間並んだあと、最後の10分間は速く進む場合と、ゆっくり進む行列に45分間並んだ場合では、ほとんどの人が前者を好意的に評価した。前者のほうが待ち時間が長いというのに。[6]
1990年代にこれらの研究成果が初めて発表された時、研究者たちは、人間は一連の出来事の最後に経験することに過度な価値を置くと結論づけた。
意識に関する知識と脳の先を見越す機能を考慮した結果、わたしは、人間はどんなことを経験している最中であれ、次に何が起きるか予想しているのではないかと考える。何かを経験した最後には、予測が合致する（冷水の水温が変わらない。行列が進むペースが変わらない）か、合致しない（冷水の温度が下がる。行列の進みが遅くなる）か、予測を上まわる（冷水の温度が上がる。行列が進むペースが上がる）かのいずれかになる。人は本来、状況が予測を超えることを好むということだ。たとえ結果的に苦痛の総量が大きくなるとしても。

このテーマについては本章で何度も取り上げよう。要するに、意識とはわたしたちが経験する現実だけではない。期待のフィルターをかけて調整された現実を経験することなのである。

最近の研究では、予測は現在の経験や過去の思い出に影響するだけでなく、未来をどうするかについても、さまざまな方法で影響することがわかった。あたり前に聞こえるかもしれないが、深い意味がある。

たとえば、疲労困憊で脱落しそうな走者に「あと少しでゴールだよ」と話しかけると、彼らは気分が良くなって、奇妙なほど元気を取り戻す。おそらく脳がもうすぐゴールだと予測して、エネルギーを節約するのをやめ、使い切っても構わないと判断するからだろう。[7]

他の実験でも、疲れきったアスリートがスポーツドリンクで口をゆすぐと、すぐに元気になって体力を取り戻すことが示された。これについては、一つだけ条件がある。口をゆすいだあと、スポーツドリンクは吐き出される。スポーツドリンクのカロリーや栄養は喉を通らず、もちろん胃にも入らない。[8] 脳はおそらくスポーツドリンクの味を察知すると、まもなくそれを吸収できるものと予測して、残された体力を振り絞るだろう。ところが、スポーツドリンクで口をゆすいでは吐き出してを何度も繰り返すと、そうしたプラスの効果はなくなるだろう。脳が、口に含まれたスポーツドリンクからカロリー摂取できると連想しなくなるからだ。

ゴールまで遠いにもかかわらず「ゴールは近いよ」とアスリートに話しかけた場合にも、同じことが起きる。脳がゴールはまだ先だと察知した途端に、アスリートのスピードは上がらなくなるだろう。脳が騙されたと気づいた瞬間に、効力は消えるのだ。

トータルで考えれば、脳が予測マシンであることはかなり有利に働くが、予測が現実と一致しないと打ちのめされる。現実とのギャップが大きければ大きいほど苦痛も大きくなる——楽観的な予測を立てていた場合は特に。

これは心理学的にだけでなく、生理学的にも当てはまる。予測が間違っている場合、その予測を現実と同調させるのに多くのエネルギーを消費するのだ。人間の脳と身体はエネルギーを温存しようとするため、予測が外れれば外れるほど、やっかいなことになる。

あなたやわたしが意識として経験しているものは、脳がいろいろな方法で絶え間なく生成する思考や感覚の連続だ。これらは、私たちの予測が正しいか否かを知らせるためのものである。

予測が正しければ、わたしたちの気分は良くなり、概して穏やかでポジティブな思考になる。だが、予測が楽観的すぎると、現実との落差によって気分が落ち込み、思考もネガティブになる。

基本的な心理（〝心〟と呼ばれるもの）と基本的な生物学的構造（〝脳〟と呼ばれるもの）との間にある興味深い関係がここで見つかる。**「幸せ＝現実─期待」という心理学的な方程式は、本質的には、生物学的な（つまり脳の）予測がどれだけ正しいかにかかっているる**ということでもある。

初めてそれに気づいた時、わたしは衝撃を受けた。そして、それにはもっともな理由がある。わたしの研究がたどり着いた先が、心理学と生物学が交わるところだったとは、まったく予測したこともない知見で、だから強い感情を呼び起こしたのだ。

新型コロナウイルスのデルタ株が拡大した２０２１年の夏に話を戻そう。ほとんどの人はパンデミックが始まった頃よりもましな状況にあったが、先ほどの知見に照らし合わせると、誰もがみな打ちのめされていた。たとえるならば、長距離マラソンの走行中に、誰かに「39キロ地点まで来たよ」と言われて全力でラストスパートをかけたところで、18キロ地点に戻されたような気持ちだったのだ。

同年の秋、わたしがこのたとえ話を使って短いエッセイを書くと、鋭い読者が反応した。

「まさにその通りですね。でも、重大な違いが一つあります。このパンデミックはマラソンとは違う気がします。むしろトレイルランが続くウルトラマラソンで、ゴールがどこにあるのかもわからずにひたすら走っている感じです」

彼の思慮深いコメントは、新型コロナウイルス感染症のケースにとどまらない。本書のイントロダクションで、成人してから死ぬまでに、平均36回の〝人生を揺るがす出来事〟に直面すると述べた。いろんな意味で、人類全体がウルトラマラソンを走っているようなものだ。ゴールがどこにあるのかも、途中でどんな障害が待ち受けているのかもわからずに走っている。

とすると、もっとも重要な問題は「このレースをどうやって走ればいいのか？」ということになる。

悲痛な状況下での楽観主義

セルジュ・ホラーバッハは、1923年ソ連のレニングラード〈現サンクトペテルブルク〉で生まれた。

17歳の時に芸術系の高校に入学。入学から6か月後の1941年6月、ナチス率いるドイツ軍がソ連に侵攻してきて、彼を含めた多くのソ連人がナチスの工場で強制労働に従事させられた。過酷な労働を生き延びた彼は、戦争が終結するとミュンヘン美術院に入学した。

第二次世界大戦はホラーバッハを根底から揺さぶり、彼がかつて持ち合わせていた純真な無邪気さを奪った。それでも、彼は人生を楽観視しつづけたが、それは芸術への愛のおかげとも言えた。彼は現実を芸術で表現する一方で、現実を超越する機会を得たのだった。彼はクリエイティブに表現することに喜びと目的を見出した。

ホラーバッハはミュンヘン美術院で表現主義を学んだ。表現主義とは、世界を主観的に捉えて視覚的に表現すること、つまり現実をありのままに表現するのではなく、自分が体験したことを再現しようとする試みだ。有名な例には、フィンセント・ファン・ゴッホの『星月夜《ほしづきよ》』やエドヴァルド・ムンクの『叫び』などがある。

晩年になると、ホラーバッハは表現主義の教育に過度なまでに重きを置くようになるが、その理由は誰にも予測できないものだった。

1949年、ホラーバッハはアメリカに渡り、ニューヨーク市に落ち着いた。やがてアメリカで芸術家として順調に才能を開花させ、カゼイン絵の具や水彩絵の具を使って絵画をたくさん描いた。

彼の絵画はイエール大学アート・ギャラリー、バトラー・インスティテュート・オブ・アメリカン・アート、ジョージア・ミュージアム・オブ・アートなどの美術館のコレクションに加えられた。

ホラーバッハは、表現主義的な技法に大胆かつ写実主義的な繊細さを組み合わせて人間の経験の神髄を描き出すという、独自の画法で名を馳せた。

彼の作品は数多くの賞を受賞し、アメリカ水彩画協会からは1983年に金メダル、1989年と1990年には銀メダル、1983年にはオーデュボン・アーティスツから銀メダル、1988年にグランバッハー・ゴールド・メダリオン、1985年と1987年にアメリカ・アーティスト連盟から金賞、1986年と1987年にロッキー・マウンテン・ウォーターメディア展で一等賞を獲得した。

展覧会を開催し、商業製作をおこなうだけでなく、ナショナル・アカデミー・オブ・デザインで教鞭も執った。

1994年、71歳になったホラーバッハは物が見えにくいことに気づき、間もなく黄斑変性と診断された。高齢者によく見られる病気だ。眼の中心視野に異常が発生して周辺視野が見えにくくなり、多くの人がやがて失明に至る。

ホラーバッハの視力は急激に低下した。最終的に手術によって失明は避けられたものの病気の影響は甚大で、視野の中心部が見えなくなり、細部の判別がつかなくなった――彼の目に映るのは大まかな形だけになったのだ。

「そうだな。あなたの顔は見えるけど、間近に寄らなければならないね。人物画は描けないし、スケッチも無理だ。すべてがぼけて見えるからね。ピントが合わないんだよ」と彼は当時を振り返った。

ホラーバッハはかつて、誰にもまねできない手法でディテールを精緻に描いて名を馳せた。視覚芸術家だった彼は、事実上の視力障害者に認定された。

彼は特に人物描写に喜びを見出していたこともあり、細部を見分ける能力を失ったことにやり場のないいらだちを覚えた。と同時に、視力を取り戻せないこともわかっていた。
どんなに抵抗しても無駄だろう。絶望する代わりに、彼は写実主義をあきらめて、表現主義的な描写に力を入れることにした。目の前に見えるものを表現するのではなく、自分の中に見えるものを描くことにした。彼が「内なる目」と呼ぶものを頼りにして。

こうすることで、「人生でもっとも重要なこと」を伝えられるようになった、と彼は言う。

突然視力が低下した時、ホラーバッハは絵画をあきらめるのではなく、創作との関係を見直し、最終的にはかつての写実主義的なアプローチよりも自分らしい画法にたどり着いた。

視力を失ったことを前向きに捉えたわけではないが、真っ向から否定することもなかった。

「悲しくはあったが、人生の終わりというほどではなかったね」と彼は語り、次のように続けた。

「ある意味、視力に障害を持ったために新しい方向性を見つけられた。神のご加護とは言わないけれど、新しい場所を見つけることができた。視力障害のおかげで、本来の自分を取り戻せたように思う[9]」

同じく第二次世界大戦を生き延びたヴィクトール・フランクルは**「悲痛な状況下での楽観主義」**という言葉を作った。

ウィーン生まれのユダヤ系の精神医学者だったフランクルはナチスの強制収容所に収容されたことがあり、その経験を描いた著書『夜と霧』（1947年初版）で有名になった。[10]

『夜と霧』はホロコーストの回顧録であり、心理学的な論考でもある。この本の後半には実存的精神療法――フランクルが提唱した八方塞がりの絶望的な状況下でも充実感と意味を見出す方法――の基礎が描かれている。

この本は50か国語以上に翻訳され、1600万部以上を売り上げ、人間の本性を研究する学生にとっての必読書と言われている。

あまり知られていないが、1980年代半ばにフランクルはこの本の追記として「悲痛な状況下での楽観主義」という短いエッセイを書いた。

そのエッセイの中で、フランクルは人生には3種類の悲痛がつきまとうと述べている。

1つ目は痛みや苦痛。これは人間が肉と骨でできているがゆえに起きるつらさだ。

2つ目は罪悪感。人間には選択する自由があるため、望んだ通りにならないと自分の責任だと感じるからだ。

そして3つ目が先を見越す能力だ。人間は、自分の命を含めた大切なものはすべて変化し終わるという事実を直視しなければならない。

これら3つの避けられない悲痛と共に生きているにもかかわらず、欧米社会の人々は、常に幸せでいなければならないという重圧にさらされる。そのような考えは良く言えば見当違い、悪く言えば危険だ。

前述したように、あまりに楽観的に期待すると、失望して落ち込む結果になる。一方で、落ち込む自分を批判する、あるいは落ち込んでいる自分には問題がある（落ち込むのは心が弱いからだ）といった思い込みを内面化しても、気持ちがさらにつらくなるだけだ。

わたしの経験を述べるならば、幸せになるための最悪の方法は、いつも幸せでいようとすること、もっと悪いのは、幸せにならなければと思い込むこと（そしてそれを期待すること）だ。

生きていくうえでは悲しみ、退屈、無気力といった感情を避けられない。それなのに常に陽気でポジティブでいなければならないという考え方があり、言葉にすることもある。こうした考え方を鵜呑みにした人たちの多くは、それが精神的な負担になることに気づいていないのではないか。自己批判や他人へのいらだちや酷評のほとんどは、こうした実現不可能な規範で判断するからではないだろうか。

2022年の『ジャーナル・オブ・パーソナリティ・アンド・ソーシャル・サイコロジー』誌に、世界各地の7万人超を対象とした研究に関する論文が掲載された。[11]

その研究で研究者たちは、人間の幸福感や充実感と期待の精度との間には相関関係があることを突き止めた。臆することなく幸せを崇拝して幸せを人生の目標にする代わりに、悲痛な状況下での楽観主義を受け入れるほうがより良い選択肢なのではないだろうか。

まずは定義について。悲痛な状況下での楽観主義とは、避けられない痛みや喪失や苦しみと向き合いながらも、希望を忘れずに生きる意味を探す能力のことだ。人生に苦難はつきものであること、はかなさに傷つくこともあることを認識し、受け入れ、そんな人生を予測しつつも、前向きな態度で人生を突き進むことだ。

この考え方を実践すれば、状況が思ったほど悪くなければ、うれしい驚きが見つかるだろう。予想通りの悪い状況になっても、心構えができていて冷静に対処できる。

研究結果によると、**悲痛な状況下での楽観主義で人生に向き合う人――特に、変化や困難に何度も遭遇すると予測している人――は、身体的にも精神的にもストレスに強い**ことがわかったという。そのような人は痛みに強く、不屈の精神を発揮しやすく、失敗しても立ち直って前進する可能性が高い。

よちよち歩きの幼児が、歩くことや走ることを学ぶまでに何度転ぶか考えてみてほしい。ぶつかろうが、あざができようが、幼児は大人ほど痛みを気にしないし、落ち込むこともない。成長過程にある幼児はかなりの困難に遭遇することを十分に予測していて、困難に立ち向かう心構えができているのだ。

ただし、悲痛な状況下での楽観主義は、積極的に苦しみを探すことではないということを強調しておきたい。

苦しみは、避けられるものなら避けたほうがいいとわたしは強く思う。悲痛な状況下での楽観主義とは、苦しみは避けられないこと、生きているだけで数多《あまた》の試練が降りかかること、そして苦しみに直面した時にわたしたちにはどう対処するかの決定権が少しはあることを理解することだ。

「つまり、意味を見つけるためには苦しみは避けられないということだろうか？　いいや、断じて違う。わたしはただ、苦しみが避けられない状況であれば、苦しみの中にも——その中でさえも——意味は見つかると言いたいのだ」とフランクルは綴り、次のように続ける。

「もしその苦しみが避けられるものならば、それを取り除くことが意味のある行為になる。なぜなら不必要な苦しみを味わうことは、英雄的というよりもマゾヒスト的だからだ。他方で、苦しみをもたらす状況を変えられない場合でも、どんな態度を取るかを選ぶことはできる」

これはまさにフランクルがホロコーストを生き延びるために実践したことであり[12]、ホラーバッハが失明する前に主体的にやったことでもある。

科学的に裏づけられた悲痛な状況下での楽観主義の効果

悲痛な状況下での楽観主義を唱えたフランクルの作品は、脳の予測機能に関する最近の神経科学を先取りするものだった。だが、現在判明していることを踏まえたうえで、この考え方が将来を見通すのに非常に効果的である理由を説明したい。

人生は困難なものだと予測してそれを覚悟すると、実際に困難に直面しても驚かないだろう——それだけで生きていくのが楽になるし、変化や苦難のさなかでも冷静に対処でき、苦難の意味を見つけやすくなる。

この本のイントロダクションで紹介した非二元論思考は、ここでも強力なメリットをもたらす。悲痛な状況下での楽観主義は、人生は悲しいけれど有意義でもあること、つらい中に喜びがあること、変化は苦痛だけでなく希望ももたらすこと、はかなさは終わりであり始まりでもあることを教えてくれる。

複雑で矛盾に満ちた世の中を概念的に理解するには、少なくともこの考え方のほうがより正確なのではないだろうか。おまけに前述したように、脳にとっては概念や期待が正確であるほうがいい。

悲痛な状況下での楽観主義を身につければ、変化や混乱が起きた時に、それに対してどんな感情を抱こうとも、それを自然に受け入れられるようになる。

たとえば、アメリカで同時多発テロ事件（9・11）が起きた時のことだ。当然ながら多くの人が恐怖、不安、気分の落ち込み、心配、絶望感など激しい感情を覚えたと報告した。しかし、そうした感情がなかなか収まらなかった人もいれば、そうでもなかった人もいた。

ノースカロライナ大学チャペルヒル校とミシガン大学アナーバー校の研究者チームは、その理由を突き止めることにした。その結果、早く立ち直った人たちも同時多発テロ事件をしっかり認識していて、恐怖を感じていたことがわかった。彼らは、なかなか立ち直れなかった人たちと同程度の悲しみやストレスや喪失感を経験していたが、愛や感謝といった気持ちを持つ余裕があったという[13]。

その他の多くの研究でも、悲痛な状況下での楽観主義が有益な資質であることが証明されている。というのも、この考え方なら苦痛を感じなくなって楽天家になれるからではなく、心の奥行きが広がり幅広い感情を持てるようになるからだ――人間である限りさまざまな感情を経験せざるを得ないのだから、これは「正しい期待」と言える。

悲痛な状況下での楽観主義で考えれば、世界で悲惨なことが起きても、森の中で散歩を楽しめるようになる。人生には良いことがたくさんあるが、悲しくて落ち込む日もあると思えるようになる。落ち込む日は幾度となく訪れるだろうが、それはあなたに問題があるからではなく、むしろその逆で、平均的な人間でさえそうした感情とは無縁でいられないからだ。

悲痛な状況下での楽観主義で考えれば、感情的な抑圧、幻想、自己批判、絶望感といったものを脇へ押しやって、前に進めるようになる。視野が広がって心に余裕が生まれ、賢明な希望を実現しようと努力し、現状と向き合って賢明な行動が取れるようになる。

このことについては次のセクションで詳しく話そう。

「賢明な希望」と「賢明な行動」にコミットする

仏教心理学の中心となるのは、古代のパーリ語やサンスクリット語で書かれた仏教の経典だ。教典には**〝dukkha〟（ドゥッカ）**という言葉が繰り返し出てくる。仏教が掲げる真理の一番目は〝dukkha-satya〟（ドゥッカ・サーティヤ）、すなわち「ドゥッカの真理」と呼ばれるものだ（日本語で苦諦《くたい》という。この世は苦であるという真理のこと）。

今日では、〝ドゥッカ〟という言葉は「苦」と訳されるが、この訳は正確とは言えない。〝Du〟は「困難」や「難しい」を意味する接頭辞で、〝kha〟には「直面する」を含め、たくさんの意味がある。これらをまとめると、実際には〝dukkha〟は「直面するのが難しい」という意味になる[14]。

一般的な解釈とは違って、仏教が掲げる一番目の真理は人生は苦しみという意味ではない。むしろ、**人生は直面するのが難しいことであふれている**という教えだ。おそらく〝ドゥッカ〟から生まれたもっとも一般的な副産物が苦なのだろうが、〝ドゥッカ〟それ自体は苦でも何でもない。

人生は直面するのが難しいことであふれているという考えは、2500年前の仏陀の時代だけでなく、今日にも当てはまる。たとえば、個人的な怪我や病気、地球温暖化、民主主義の危機、感染症の世界的流行、老化など。

こうした〝ドゥッカ〟に直面した時の人々の反応は、大まかに2種類に分かれる。危険を直視しようとせずに、妄想で自分を欺いて有害なほど過度にポジティブな発言をするか、過剰なまでに悲観的になって絶望するかだ。

どちらの態度も取りやすい。何も行動しなくて済むからだ。

前者は、問題など何もないと否定する。問題がないのだから、心配することも、何かを変える必要もないというわけだ。

後者はネガティブな考え方で、何をしても意味がないのだから悩むだけ無駄だということになる。やがては無力感とニヒリズムに陥るだろう。

いずれの態度を取ろうとも、人生を歩むうえで役には立たない。だが、この2つの態度のギャップのどこかに3番目の道がある。悲痛な状況下での楽観主義の延長線上にある道、すなわち**賢明な希望と賢明な行動**にコミットすることだ。

賢明な希望と賢明な行動とは、状況がどうなっているかを明確に見きわめて、ありのままに受け入れることだ。そして希望的な態度で「ふうむ、これが現在起きていることか。よし、わたしにコントロールできることにフォーカスしよう。コントロールできないことに執着しないよう心がけて、自分にできることを全力でやろう。これまでに何度も苦難に直面してきたし、自己不信と絶望感にさいなまれたことも何度もあるが、いつも乗り越えてきたじゃないか」と思えるようになる。

賢明な希望と賢明な行動は、変化や混乱に対して生産的に関わり、影響を与えるだけではない。精神や身体の健康を後押ししてくれる。

絶望感と無力感は、うつ病や身体的な衰えに関係している。一方で、有害なポジティブさは、ストレス・ホルモンであるコルチゾールの分泌量を増やし、高血圧、頭痛、不眠症、肥満、その他さまざまな現代病を引き起こす可能性がある（妄想には労力がかかるため）。

だがもし、直面するのが難しい変化にうまく対応できれば、つまり賢明な希望と賢明な行動で対応できれば、不適応な反応をしなくなり、結果的に早く立ち直れるようになる。[15]

1985年、ブライアン・スティーブンソンという若者がハーバード大学で公共政策学の修士号と法学博士号を取得して卒業した。彼が法律に魅力を感じたのは、公民権を守り、公正な正義を実現したいという思いが常にあったからだ。

彼は、ジョージア州アトランタにある〈サザン・センター・フォー・ヒューマン・ライツ〉の所属弁護士になった。死刑求刑事件の被告人や死刑囚を弁護する団体だ。

スティーブンソンはアメリカ深南部で受刑者の弁護人を数年間務めたあと、１９８９年にアラバマ州モンゴメリーに人権団体〈イコール・ジャスティス・イニシアチブ（司法の公正構想）〉（ＥＪＩ）を設立して、死刑囚をはじめとした弱者の権利を守り、黒人が大量に投獄される事態を阻止すべく注力した。

スティーブンソンはあちこちで不公平や残忍な行為や被害を目撃した。こうした行為に対する反撃手段を提供することがライフワークになったのだ。

この30年間、スティーブンソン率いるＥＪＩは不当な厳罰を取り消したり、死刑囚の無実を証明したり、精神疾患を負う受刑者への虐待に抗議したり、成人として起訴された未成年者の支援をおこなうなどして、重要な法的問題を解決してきた。

さらに合衆国最高裁判所の法廷で何度も主張して勝訴してきた。その中には、有罪判決を受けた時点で17歳以下の未成年に仮釈放なしの終身刑を科すことを禁じるきっかけとなった、２０１２年の画期的な判決も含まれる。

死刑囚監房に収監されていた受刑者の判決を撤回または軽減させたり、受刑者を釈放させたりしたケースは１３５件以上にのぼり、それ以外に何百人もの人たちを助けた。

社会的弱者や社会から疎外された人たちの代理人として尽力した功績が認められて、スティーブンソンはマッカーサー基金の「天才賞」を含めた、数々の賞を受賞している。2014年に出版した回顧録『黒い司法』（亜紀書房）はたちまちベストセラーになった。同じタイトルで映画化され、マイケル・B・ジョーダンがスティーブンソンを演じた。

スティーブンソンは弁護士および人権活動家としての職務に加えて、ニューヨーク大学ロースクールで教鞭を執っている。さらに彼は、奴隷制度と人種差別と大量投獄の関係を形にして示そうと、アラバマ州モンゴメリーで2つの文化遺産を創設すべく陣頭指揮を執っている。

スティーブンソンは誰よりも意味のあるキャリアを築いてきた。どの分野でも際立った実績を上げたが、その仕事内容や彼が直面している困難な課題を考えると、その非凡さが際立つ。

死刑に値するような重犯罪事件の被告人の弁護人は、想像を絶するような苦痛と苦しみにさらされる。間違って起訴された人もいれば、正当に起訴された人もいる。被告の家族もいれば、被害者の家族もいる。法制度の中には、数え切れないほどの人種差別的な裁判例やその他の形の差別がある。

そんなわけで、多くの国選弁護人は自身の身体的および精神的な健康を守るために、クライアントから安全な距離をおいている。だが、スティーブンソンは違う。彼はあえて被告に近づく。

「人を、その人が過去に取った最悪の行動で定義するべきではないと思います。嘘をついた人だとしても、ただの嘘つきだと片づけてはいけない。人を殺した人だって、ただの人殺しではないと思う。公正に判断するためには、他のさまざまな面にも目を向ける必要がある。弁護士はそうした面が見えるまで相手に近づかなければ、良い仕事はできないのではないでしょうか」とスティーブンソンは言う[16]。

彼は実際に刑務所や留置所に行って、被告と何時間も膝をつき合わせて話し合い、相手の話に耳を傾け、彼らの人間性を認めて敬意を示すことで知られている。

スティーブンソンは、現代の司法制度にある根強い問題にいっさい惑わされない。依頼人の中には凶悪事件で有罪判決を受けた者もいるが、彼らのほとんどが劣悪な状況のせいでそのような事件を起こしたこともわかっている。

〝ドゥッカ〟と密接に関わることで、知らなかったんだと言い訳することも、意図的に見落とすこともない。厳しい現実を直視するが、虚無主義や慢性的な絶望感に陥ることもない。

賢明な希望と賢明な行動を体現できるスティーブンソンはこう語る。

「結局のところ、わたしたちに必要なのは希望を持つこと、全力を尽くすこと、複雑な社会で生きていく中で直面する基本的な問題に真剣に取り組むことです」

イノベーションや創造性や発展は人の頭の中だけで生まれるものではない、と彼は言う。

「これらは頭の中にあるアイデアから生まれ、心の中にある確信によって勢いづき、それがイノベーションや創造性や発展につながるのです。頭と心のこの関係性が、きらきらした明るいものだけじゃなく、暗く困難なものにも注意を払いなさいと教えてくれるのだと思います……耐えがたい日、どうにもならない日、つらい日はあるものです。ですが正義が勝つのを見た時、真実が認められた瞬間には、心の底からうれしくなります。実にすばらしい瞬間です[17]」

スティーブンソンの体験談は、賢明な希望と賢明な行動を体現するお手本のような例だ。この話を紹介したのはそのためだ。

スティーブンソンが自身の難しい環境下で賢明な希望と賢明な行動を示せるのであれば、わたしたちも自分の生活の中で実践できるはずだ。もっとも、現在の法制度では、これほどの断固とした行動力がなければどうにもならないのは悲しい事実だと言っておかなければならない。しかし、だからこそ彼のエピソードを紹介したのだ。

希望を持ち続けることは至難の業だし、希望がなければ生きていけないような状況ではなおさらだ。世界の多くのものは機能不全に陥っていて、〝ドゥッカ〟を挙げたらきりがないほどだ。

〝ドゥッカ〟に正面から取り組むことは簡単ではないが、他の選択肢——気づかないふりをする、または絶望感から何もしないで放置すること——では状況が悪化するだけだ。壊れた世界を改善するチャンスがあるのなら、自分自身が壊れた人間になってはいけない。

では、誰もがみなスティーブンソンと同じようなことを、同じレベルでやる必要があるのかって?

いや、その必要はない。しかし彼の姿を見ていると、わたしたちも人生で遭遇する苦難に対して賢明な希望と賢明な行動で取り組もうと思えるようになる。

前者が後者のために道を拓くのだ。悲痛な状況下での楽観主義で考え、賢明な希望と賢明な行動を取るようにすれば、困難な人生を予測しながらも、頭と心が喜びや可能性を感じ取れるようになるだろう。目の前に広がる小道を敢然とした態度で歩けるようになるだろう、たとえ行き着く先が死刑囚監房であろうとも。

倫理学者のキーラン・セティアは、希望があるから「主体性を持ち続けられるのだ」と書いている[18]。

基本的に、希望もないのに行動するのは不可能だ。何かしら有益な結果が得られるという思いがなければ、そもそも行動する理由がない。

賢明な希望を持つことと賢明な行動を取ることがこれほど困難なのは、物事が思うようにいかなかった時にさらなる敗北感や苦痛を味わうからだ。お金や時間や労力を投じたあとならなおさらだ。

だが、繰り返すが、それこそが生きることの意味ではないだろうか？

苦しみ＝痛み×抵抗

ちょっと想像してみよう。

あなたは腰に痛みを感じている。その痛みを評価すると、10段階中の6ぐらいだ。

さて、腰痛のせいでいらいらしてきた。腰が痛いせいで一日が台なしになったし、さらに悪いことに今週末に予定していた友だちとのハイキングも行けなくなるかもしれない。イブプロフェンやタイレノールを飲んだが効果はない。

不安は増すばかりで、この痛みが一生治まらないのではないかと怖くなってくる。この痛みが死ぬまで続くような気がしてくる。

それまではレベル6の痛みだけだったが、これにレベル7の抵抗が加わった。痛みに対して、抵抗は加算的ではなく乗数的に作用する。要するに、苦しみはもはや痛みだけでは済まなくなった。**「苦しみ＝痛み×抵抗」**だからだ。

この例では、レベル6の痛み×レベル7の抵抗で、苦しみはレベル42に達する。痛みに抵抗すればするほど苦しみは悪化する、というわけだ。

幸いにも、同じ計算式は正反対にも作用する。

前述の例で計算すると、抵抗をレベル3まで下げれば、苦しみのトータルはレベル18にまで下がる（レベル6の痛み×レベル3の抵抗＝レベル18）。この数式は数学的に正確ではないかもしれないが、概念的には正しいことは研究結果によって証明済みだ。[19]

メイヨー・クリニックにある世界屈指のペイン・リハビリテーション・センターでおこなわれているプログラムを検証してみよう。

ミネソタ州ロチェスターにある同クリニックへは、世界中から人々がやって来る。苦痛を軽減しようとあらゆる方法を試したがうまくいかなかった人たちが、しばしば最後の頼みとして来るのだ。慢性的な背部痛、線維筋痛症、頭痛、神経障害、慢性疲労症候群、消化器系の疾患など、さまざまな症状に悩まされる患者たちだ。

同センターのプログラムは、理学療法、認知療法、行動療法、バイオフィードバック、教育など、多方面からアプローチする。最終目的は患者の痛みを取り除くことではなく、痛みから解放されたいという患者の強すぎる願望を取り除くことだ。

まずはオピオイドなどの薬物の投与量を徐々に減らしていき、最終的には痛みに対する期待を調整することを教える。多少の痛みなら大丈夫だと受け入れることで、抵抗を減らしていくのだ。

プログラムの中核的な目的は、患者に不快感を気にしないようにさせることと、患者が参加できる活動の数を徐々に増やしていくことだ。

キャシー・ジャスパーは、そのことを自身の経験から知った。

彼女は60代前半に奇妙な症状に気づき、その後次々と症状が増えて痛みも増していった。たとえば物忘れ、左半身の筋力低下、ひどい腰痛、アロディニア（通常なら痛くないような軽い刺激にも、痛みを覚える症状）などだ。

アロディニアはかなり悪化し、ジャスパーは夫をハグすることも、テーブルに肘をつくこともできなくなり、やがて食事も取れなくなった。

こうした症状が1か月続いたかと思うと、数か月治まり、また再発するといった感じで、一進一退を繰り返しているようだった。とりわけ症状がひどい時期には発作が起きるようになり、身体が衰弱して体重が13キロも落ちた。

自分の身体に何が起きているのか？　ジャスパーはその答えを求めてあらゆる手段を試

した。

さまざまな医師に診てもらい、癲癇《てんかん》センターで検査を受け、痛みを緩和しようと代替医療、サプリメント、CBDオイルも試した。

そのようなつらい日々が2年間続いたあと、中枢神経感作症候群《かんさ》との診断が下された。脳の感覚皮質や運動皮質に送られる信号が中枢神経系によって増幅され、いくつもの不可解な症状を引き起こしていたのだ。病名がはっきりしたあと、彼女はメイヨー・クリニックのペイン・リハビリテーション・センターに登録した。

ジャスパー（およびプログラムに参加している大勢の患者たち）が、治療の中でもとりわけ効果的だと感じたのは〝段階的運動負荷法〟だった。[20]

この治療法では、セラピストや医師の監督下で、患者は痛くてできないと思い込んでいる活動に少しずつふれて、活動量を増やしていく。たいていの場合、患者は最初の痛みを克服できれば落ちつくようになり、たとえ良くならなくても、大丈夫だと思えるようになる。そして時間をかけて少しずつ活動の難易度を上げていく。

「痛みは、脳が怪我をするのではないかと恐れていることを知らせる警告なのです」とこのプログラムの理学療法士デイヴィッド・ブラウンは述べ、こう続ける。

「しかし、脳は時々こうした痛みの信号を誤って送ることがあるのです。この段階的運動負荷法は、身体を動かしても安全だと脳が理解できるよう、再訓練しているんです」

ブラウンがジャスパーの症例を説明してくれた。

「彼女はさまざまな言葉と表情を使って痛みを訴えていました。疼痛《とうつう》のせいで日常的な活動を避けていただけでなく、発作を気にして社交生活からも距離をおいていました」

ブラウンの仕事は主に、ジャスパーら患者たちに、痛みに対する習慣的な行動や抵抗パターンに気づいてもらい、そうした行為を止める戦略を練ることだ。目標は痛みや症状を取り除くことではなく、患者に自分の痛みや不快感にうまく向き合ってもらって、充実した生活を送ってもらうことだ。そうすれば全般的な痛みを最小限に抑えられる。

治療が終わる頃には、かつては一日に10回だった発作の回数が0回になった。6分間で500メートル以上歩けるようにもなった。プログラムを始めてから歩行能力が20％も回復したことになる。おまけにその効果は続いた。

「2年ほど経ちました。今も心臓病の治療と理学療法を週に3〜5回ほど続けています。理学療法はバランスを維持するのに役立ちますね」とジャスパーは言う。

「グループの会話に参加して、みんなと会話を続けられるようになりましたし、毎晩8時間ほど眠れていますし。1歳4か月の孫の世話や、同居しているアルツハイマー病の親戚の介護もできるんですよ。夫が海外出張に行く時は、わたしも同行できるまで回復しました」

痛みやその他の症状は今もあるが、前ほどつらいとは感じないという。[21] その理由は抵抗するのをやめたからだ。

といっても、痛みは思い込みだとか、痛みを緩和するなど不可能だと言いたいわけではない。簡潔に言うと、多くの人が、抵抗を抑えることを学んで良かったと実感している、ということだ――抵抗を減らすのはそう簡単なことではないだろうが。

メイヨー・クリニックのペイン・リハビリテーション・センターの治療法に驚くほど効果があるのには2つの理由がある。

1つ目は、痛みに対する患者の予測を「避けるもの、治すべきもの」から「管理するもの」へとシフトさせることだ。2つ目は、患者に抵抗を減らすよう教えていることだ。

このアプローチは、本章で紹介した重要な方程式――「幸せ＝現実－期待」、「苦しみ＝痛み×抵抗」――を体現するものだ。期待を現実に合わせ、痛みや不快感に対する抵抗を最小限に抑えられれば――より広い意味では、直面するのが困難なこと、つまり〝ドゥッカ〟な事実と向き合うことができれば――、何に直面しようとも、最高の経験と結果を生み出すための準備が整うだろう。

脳は予測マシンだということを忘れないでほしい。こんな人生にしたいと思い、そうなるよう計画し、計画を実現すべくあらゆる手立てを講じても、いつか失敗する日が来るだろう。計画をあきらめて自分の殻に引きこもると――それも抵抗の一形態なのだが――事態はますます悪化するだろう。

重要なことは、たとえ最初に難しそうだとか、やりたくないと思ったとしても、期待を更新して現実と向き合うことだ。

中枢神経感作症候群のような症状が起きようが、新型ウイルスの変異株が発生しようが、もっと小さな変化であろうが、不毛な抵抗をするのはすぐにやめよう。起きている現実にうまく向き合うことができれば、気分が良くなり、何とかなると思えるようになる。悲痛な状況下での楽観主義は、適切な期待を抱くのに役に立つ。賢明な希望と賢明な行動を心がけると、取り乱すことなく不屈の意志で前に進めるようになるだろう。

人生の道のりにはさまざまな困難が待ち受けている。それは仕方がないことだ。わたしたちにできることは現実を直視し、たとえ何かに失望しても、くじけずに最善を尽くすことだ。

柔軟でぶれないマインドセット

柔軟でぶれないマインドセットには2つの重要な要素がある。

1つ目は、拒否と抵抗という負荷を手放すことだ。そうすれば〝人生の流れ〟に身を任せ、「真に不変のものは変化だけだ」という事実を受け入れ、物事をありのままに見られるようになる。

2つ目は、人生は困難なものだと予測することだ。逆説的に聞こえるかもしれないが、困難だと予測すればすべてが楽になる。

前述したように、はかなさをどう経験するか、そしてはかなさにどう対応できるかは、はかなさをどう捉えるかにかかっている。だからこうしてマインドセットを変えれば強くなれる。

柔軟でぶれないマインドセットを身につけるのは、背景や複雑さを踏まえたうえでより正確に物事を捉えることで、物の見方——神経科学者が「予測力」と呼ぶもの——を強化するためだ。先入観や妄想がなくなれば、前よりも気持ちが軽くなり、物事をうまくできるようになるだろう。

柔軟でぶれないマインドセットが心の土台になれば、変化や混乱が起きても、もっと有利かつ自由に対処できるだろう。人生の小道で必ずや遭遇するだろう障害や起伏をうまく切り抜けられるようになり、その経験から成長できるようになる。

第1、2章で紹介した人たちの多くは――トミー・コールドウェル、わたしのクライアントのクリスティン、セルジュ・ホラーバッハ、キャシー・ジャスパーまたはブライアン・スティーブンソンなど――外的な変化だけでなく、内的な変化も経験している。

彼らは、一方ではこれまでと同じ人たちでありながらも、他方では、人生の紆余曲折やさまざまな体験を経て劇的に進化している。

彼らだけでなく、誰にでも同じことが言える。それぞれの人生の小道を歩き、秩序と無秩序を経て再び秩序を取り戻すというサイクルを繰り返しながら、それまでの資質、特徴、行動パターンを手放しては、新しいものを習得していくのだ。

では、自分自身を含めた万物が絶えず変化していく中で、強くて不変のアイデンティティを持つことの意味とは何だろうか？

柔軟でぶれない個性、変化に耐えて成長できる個性を身につけるにはどうすればいいのか？

これらのテーマについては本書のＰＡＲＴ２で扱う。

第2章のポイント

困難を想定する

- 古いモデルの〝ホメオスタシス〟と、より正確な新しいモデル〝アロスタシス〟とを隔てる主な特徴は、アロスタシスには予測的な要素があることだ。ホメオスタシスが期待とは無縁であるのに対して、アロスタシスは期待が経験を形づくると考える。
- 「幸せ＝現実―期待」
- 常にバラ色のメガネで「ポジティブに考えるべきだ」という社会的な圧力がある。だが、現実的な期待――物事は絶えず変化するし、良くなる時もあれば、悪くなる時もあるという想定――を持つほうが、気分が良いしうまくいく。
- 脳は絶えず次に何が起きるのかを予測し、現実に合わせて予測を調整する。予測が外れた時は、できるだけ早く現状に合わせて予測をアップデートするほうがうまくいく。
- 悲痛な状況下での楽観主義で物事を見られるようになれば、さまざまなメリットを享受できる。人生には悩みや苦しみがつきまとうだろうが、それでも動じることなく不屈の意志で前進しなければならないと気づけるようになる。

- 大きな試練に直面した時は、極端な楽天家になっても、絶望感や虚無感に飲み込まれてもいけない。どちらもうまく現実に適応できないからだ。賢明な希望と賢明な行動にコミットするために、できることをやろう。「好むと好まざるとにかかわらず、これが現実なんだ。自分にコントロールできることに集中して、できることに最善を尽くし、この山を乗り越えてみせる」と思えるようになるだろう。
- 「苦しみ＝痛み×抵抗」。抵抗するのをやめれば、それだけ気分も行動力も飛躍的に良くなるだろう。

PART 2

柔軟でぶれない
アイデンティティ

Master of Change

第 3 章

流動的な自己認識を育む

How to Excel
When Everything Is Changing–Including You

2022年の2月のある寒い朝、目が覚めると携帯電話にメッセージがたくさん届いていたのを今も鮮明に覚えている。どのメッセージにも「ニルス・ファンデルプールの文書を読んだか?」とあった。

スウェーデン生まれの25歳のスピードスケート選手ニルス・ファンデルプールは、同年に北京で開催された冬季オリンピックで2つの金メダルを獲得して、世界記録を更新し、それからほどなくして誰も予想しなかったことをやった。

「スケートで1万メートルを滑る方法……および5千メートルを滑る方法」と題する62ページのPDF文書を公表したのだ――どちらも彼がオリンピックで優勝した競技種目だ。

世界レベルのアスリートが自身のトレーニングプログラムを公表するなど、めったにない。プログラムには独自の成功の秘訣がつまっているものだ。それだけに、トレーニング方法を公開しようとしたファンデルプールの決断は興味深い。

とはいえわたしはまだ混乱していた。なぜこれほど多くの人が、そのPDFを読んでわたしを思い出したのか?　わたしはスピードスケートの選手ではないし、この競技を熱心にチェックしているわけでもない。

好奇心を抑えきれなくなった。パソコンに向かうと、リンクをクリックしてPDF文書をダウンロードした。開いて数分後に、絶対におもしろい内容だと確信した。

この〝トレーニング〟文書は1ページ目が空白になっていて、心理学者カール・ユングの言葉が引用されているだけだ。

「実在するものはすべて変化を免れず、そして変化するものだけが真実であり続けるようだ」

2022年2月時点で、わたしが本書の構想を打ち明けたのは、妻と著作権代理人と編集者だけだった。そんなわけで、ユングの引用文を読んだ瞬間に背筋がゾクッとしたことは言うまでもない。

もちろん、PDF文書には具体的なトレーニング方法からエクササイズのルールなど、あらゆる内容がつまっていた。と同時に探求、意味、卓越したパフォーマンスの価値についても説明されていた——試練や苦難や混乱といったテーマについても。そしてそれはわたしが本書で書こうとしていることでもある。

持久系アスリートは、秀でた哲学者となり得ることは広く知られている。ランニング、スケート、自転車、水泳など、どれも孤独にコツコツと努力するスポーツだ。こうしたスポーツに真剣に取り組む人は、おのずと頭の中で自己と向き合う時間が長くなる。

オリンピックに向けて準備する間、1日7時間以上トレーニングを積んだファンデルプールも例外ではない。毎日7時間、彼は自分のアイデンティティや自尊心について考え続けた。

多くのオリンピック選手は自分を競技で定義づけ、その競技に合わせて生活の全時間を捧げるが、ファンデルプールは違った。

２０２２年の冬期オリンピックに向けて準備する間、彼は休養日や回復日にプロテインを飲んでソファに寝転んだり、何時間もマッサージしてもらって睡眠を取ったりはしなかった。世界レベルのアスリートのほとんどは休養日をそうやって過ごすが、彼は友人と出かけた。

「週末を休養日に当てることが多かった」と彼は書いている。

「週末を休みにすれば、友人たちと遊んで楽しく過ごせるからね。通常、休養日にはトレーニングはいっさいやらない。心も身体も休ませる。でも、友人がアルペンスキーかハイキングに行きたいと言えば、ぼくも一緒に行った。（特別な）リカバリーはやらず、ごく普通の生活を送ろうとした。……25歳の普通の若者と同じように、ビールを飲んだりしてね」

オリンピックの準備期間中に、ファンデルプールほどの卓越したアスリートが週に２日を日常的に過ごすなど、到底考えられないことだった。

ファンデルプールはずっとこの方針でやってきたわけではない。10代の頃は、スピードスケートとその文化が自身のアイデンティティになり、生きがいは競技会で勝つことだけだった。

「10代のぼくにはスポーツがすべてだったけど、良いことではないと思う」と彼は言う。トレーニングと競技会で成果が出ると有頂天になった。だが、練習でうまくできなかったといった些細なことで自信をなくし、悪循環に陥ることもあった。分野を問わず、野心的な人はみな激しい感情の起伏に耐えなければならない。

感情に振りまわされる日々を2年ほど過ごしたあと、ファンデルプールはこんなトレーニング方法は持続可能ではないし、生活にも支障を来すと判断した。

スピードスケートだけで生きていけるわけがない。彼のアイデンティティはほぼ競技と一体化していたが、すべてをスポーツに捧げることはできなかった。

そんなわけで、20代前半にしてファンデルプールはスポーツ以外の生活を築くことに重きを置き始めた。スケートとは無縁の友人たちと出かけてピザとビールで楽しんだり、トレーニングとは関係のない本を読んだりした。

皮肉なことに、こうした活動は氷上でのパフォーマンスを低下させるどころか、新たな活力となった。

「スピードスケートの競技会以外の生活に意味と価値を見出したおかげもあって、タフなトレーニング期間を乗り越えられた」と彼は綴り、こう続ける。「トレーニングがうまくいかない時でも、人生の他の何かがうまくいっていて、それに元気づけられた」

やがてファンデルプールは頭角を現してメディアの注目を集めるようになったが、スケート以外のよりどころがあったために自分を見失わずに済んだ。

「自分は何者なのかを知っていたし、スピードスケートがすべてという選手ではなかった」

ファンデルプールのアイデンティティは流動的と言える。このようなアイデンティティの最大のメリットとして、彼はキャリアを築くうえで避けられない浮き沈みに動じなくなったという。

人生の意味を与えてくれる源泉がたくさんあったおかげで、「競技会の勝者はたった一人で残りは全員敗者になるとか、長年の努力がけがや病気で台なしになるといった、厳しい現実に向き合う」のに助けられたと書いている。

逆説的だが、ようやく変化や無秩序といった概念が気にならなくなり、リラックスして、楽しみながら安定した滑りができるようになった。オリンピックに向けて7時間トレーニングする日もあれば、普通の友だちと普通の趣味で楽しむ普通の青年になる日もある。

トレーニングとリカバリーのいくつかを省いた結果、身体的な強さが失われたかもしれないが、新たな自由とゆとりを手に入れて、メンタル面が10倍も強くなった。

彼は、自己認識を拡大したおかげでこんなポジティブな影響があったと表現している。

「もはや恐れることはないと思えるようになった」

他の種類の物質と違って、液体には質量と体積が含まれているが形はない。そのおかげで液体は、たとえ障害物があっても、本質を維持しながら形を変えて障害物の上や周囲を流れていくことができる。小道の先に突然障害が現れても、立ち往生することも、心が折れることもない。

ファンデルプールも〝**流動的な自己認識**〟を身につけた結果、同じことができるようになった。

競技以外の個性を身につけたことで、トレーニングがうまくいかない日も、競技大会で負けた日も、メディアによる誇大な宣伝も、病気やけがや疲労感も、さらりとかわせるようになった。その流動的な自己認識のおかげで、無数のオリンピック選手が直面する精神的な葛藤に苦しめられずに済んだ。

こうした葛藤は、競技がアイデンティティそのものになっている人たちによく見られる。**何かに打ち込むあまりにそれをアイデンティティと混同すると、不安やうつ病、燃え尽き症候群に陥りやすくなる**ことは、膨大な数の研究結果からも証明されている。特に変化が起きた時や過渡期など、支配的な自己が危機に瀕するような時に、精神的な葛藤が起きやすくなる。[1]

世界レベルのアスリートは極端な例かもしれないが、このようなことはあらゆる職業や人生において起きる。

何かの分野で一流になってそれを極めたいと思ったら、とことんやるしかない。だが、それでもある程度までだ。自分のアイデンティティを一つの概念や試み――若さ、鏡に映る自分、人間関係、キャリアなど、何であれ――にはめ込んでしまうと、状況が変わった時にかなりの精神的な苦痛を味わうだろう。好むと好まざるとにかかわらず、状況は常に変化するのだから。[2]

だからと言って自由きままにやっていいとか、形式的にやればいいということではない。ファンデルプールはそんなことはしなかった。彼はトレーニングに励み、世界の頂点に立った。

大切な人や活動、プロジェクトに誠意を尽くすことは、豊かで意義のある生活を送るための重要なかぎとなる。問題は誠意を尽くすことではない。一つのものや努力している活動に執着するあまり、それがアイデンティティになってしまうことだ。何かをとことん突き詰めたいと思うのはいいが、やりすぎてはいけない――これは重要なコンセプトだが、理解するのは簡単でも実践するのは難しい。そのことについてはあとで詳しく説明しよう。

まずは用語について触れておこう。

本章では、〝自己〟、〝自我〟、〝アイデンティティ〟といった言葉を何度も使う。ここで使われている自我（エゴ）は、自尊心ではなく心理学で使われている本来の意味、つまり〝自分〟という意味だ。

自我が一つのものに結びつくとそれに執着して、切り離すのが難しくなる。幸いにも、流動的な自己認識を持つために自我を弱める必要はなく、ただ手綱を緩めて視野を広げるだけでいい。

液体はさまざまな原子が結合してできている。液体と同様に、柔軟でぶれない流動的な自己認識を持つには、自分の中にある独特な要素をうまく結合させなければならない。この概念については次に説明する。

生き延びるために複雑性を強化する

「秩序→無秩序→秩序の再構築」という連続的で絶え間のないサイクルを、進化ほど壮大なスケールで体現するものはないだろう。

長い間、地球は比較的安定してきた。破壊的な変化――温暖化、寒冷化、巨大な隕石の落下など――は起きるものだ。そのような大きな転換が起きたあとには混乱と混沌に満ちた期間が続く。やがて地球と地上にあるものすべてが安定を取り戻すが、それはどこか新しいタイプの安定だ。

このサイクルの中では、淘汰される種もあれば、生き延びて繁栄する種もある。生き延びる種には、高度な**「複雑性」**(と進化生物学者が呼ぶ要素)が備わっていることが多い。

複雑性は2つの要素から成る――多様化と統合だ。

多様化とは、一つの種がどれだけ構造や機能において異なるパーツで構成されているか、その度合いのことだ。統合とは、これら別個のパーツが伝達し合って互いの目的を強化し、まとまりのある全体を築くことだ。

霊長類の中でもっとも数が多く広く分布している人類(あなたやわたし)について考え

てみよう。

わたしたちは大きな骨格、四肢、他の指と向かい合わせにできる親指〔つまり物を握れる手という意味〕、外気に左右されにくい体温、すぐれた視覚と聴覚、多様な栄養素を取り込める消化器管、それから言語力と理解力を持っている。

言い換えれば、人間は高度に多様化された種なのだ。

と同時に、わたしたちにはこれらの様々なパーツを統合してまとまりのある全体を構成できる、大きな脳と高度な神経系が備わっている。

これらの性質——幅広く多様化された機能と強い統合力——が組み合わさって、人間はきわめて複雑な種になった。わたしたちが今も地球上で生き延びていて、この先もしばらくは生存できそうなのは、この複雑性ゆえなのである。

この本では、個人レベルの変化を主要なテーマとして取り上げる。個人レベルの変化は進化レベルでの変化とは異なるものの、進化の基本的な原理から学べることは多く、その教訓をわたしたちの人生に当てはめて考えたい。

変化と無秩序のサイクルを生き延びて繁栄したいのなら、わたしたちも独自の複雑性を発達させるほうがメリットがあるだろう。

ジンジャー・フィームスターはあがいていた。

彼女はノースカロライナ州ベルモントの裕福な家庭で育ったものの、夫がギャンブルにはまったために家族は無一文に近い状態になった。電気を止められ、3人の子どもたちを食べさせるのもままならない日もあった。夫のマイクとうまくいかなくなり、3人目の子どもであるフォーチュンを産んで間もなく離婚した。

困難な時期を乗り越えるために、ジンジャーは自分のアイデンティティの柱でもあったキリスト教にのめり込んだ。それだけにとどまらず、離婚後に信心深い男性と付き合って、ますます教会に傾倒していった。結果的に彼女の信仰心はますます熱を帯びるようになった。

経済的には厳しかったが、ジンジャーは一人娘のフォーチュンを、自分と同じようにきちんとした南部のレディに育てようと決意した。節約して捻出したお金を使って、フォーチュンを教養学校に入学させた。

アメリカ南部の文化の名残でもある教養学校は、少女たちに社交上のたしなみ、エチケット、「社交界でデビューするための準備」といった上流階級の文化的なたしなみを教える。ジンジャーは、自分と同じように、フォーチュンがガストニアの社交界でデビューを飾ればきっと自慢の娘になると思い、その目的を実現させようと意欲を燃やした。

彼女の望み通り、1998年にフォーチュンは18歳で社交界デビューを果たした。大人のレディへと成長する娘を見てジンジャーは大喜びした。娘の成長は、ジンジャーにとって生きる目的であり、どんな犠牲も払う価値があるように思えた。

他方で、フォーチュンは確信を持てずにいた。彼女がいろいろなことに努力したのは、心から愛する母を喜ばせるためだったのだ。

社交界デビューを飾ってから数か月後、フォーチュンはピース・カレッジ（現ウィリアム・ピース大学）に入学した。ノースカロライナ州ローリー市にある長老派教会の傘下にある小さなカレッジだ。

フォーチュンは学業成績が良く、サッカーとテニスに打ち込み、学生会長を務め、首席で卒業して2002年の卒業式にスピーチもおこなった。授業後はさまざまな活動に従事し、男性とデートする時間などないと自分に言い聞かせた。

大学を卒業して間もなく、ロサンゼルスに引っ越して芸能界でのキャリアをスタートさせたが、そこで人生を変えることになる映画『ジェーンの真実（The Truth About Jane）』を見た。レズビアンが主人公の話だ。フォーチュンはこの映画にすっかり夢中になり、ある時、長年自分の中で蓄積されてきた思いを理解した――わたしも同性愛者だと気づいたのだ。

当然ながら、彼女はその事実を母親に打ち明けることに不安を覚えた。

「南部で育ったわたしたちには好きなものが2つありました。教会とチリコンカルネです。南部の人はみな教会に行くんです。町のあちこちにありますから」

フォーチュンは2000年代前半に自身が所属していたコミュニティを回想しながら言う[3]。

同性愛はアメリカ各地ではまだ受け入れられておらず、保守的な南部は言うまでもなかった。

「同性愛者だと告白するために、お気に入りの中華料理店に母を連れて行ったんです。母から勘当されても、クラブ・ラングーン〔ワンタンの皮にカニのすり身などを詰めて揚げた料理〕は食べられるから、と思って」

娘から同性愛者だと打ち明けられた時、最初、ジンジャーは無表情になった。

「ああ、どうしよう、嫌われちゃったかな？　と思いました」とフォーチュンは当時を回想する。

互いが押し黙ったまましばらく経過したあと、無表情だったジンジャーが破顔して「フーターズへ行こう」と言った[4]。何があろうとも受け入れるし、あなたを愛していると、ジンジャーなりに娘に伝えようとしたのだ。

ポッドキャストのインタビューで、ジンジャーは当時のことを思い返してこう語っている。

「娘を持つ親なら、誰だって白いウエディングドレスを着た娘がブライドメイドの隣に立つ姿や教会で結婚式を挙げる場面をイメージするものよ。母親にとって夢のような光景ね。だからフォーチュンが異性愛者じゃないと知った時、その夢が現実にならないことがわかった。でもがっかりはしなかった。個性なのよ。それに、親は自分の子どもがやることに失望なんてできないわ……それで『オーケー。それでいいわ』と思ったの」[5]

フォーチュンはネットフリックスの特別番組『フォーチュン・フィームスターの甘〜い&しょっぱい』に出演して、人気のコメディアンになった。故郷であるアメリカ南部のことやセクシュアリティをテーマに演じている。

２０２０年にジャクリーヌと結婚。母親のジンジャーは、キリスト教の信仰心と南部のレディとしてのプライドを持ったまま、ＬＧＢＴＱの熱烈な支持者になった。

多くの人が凝り固まった自己認識にしがみつく状況、家族が崩壊してもおかしくない状況でありながら、ジンジャーは流動的になった。

愛情深い母親でありながらも、自身のアイデンティティを構成するさまざまな要素――キリスト教徒、社交界デビューを果たしたレディ、アメリカ南部出身者、同性愛を公言する子の親、ＬＧＢＴＱ活動家――を統合させた。

想像もしなかったような形で人生が混乱して変化した時、ジンジャーはより複雑な人間になった。その結果、彼女の人生はさまざまな背景が織り込まれた有意義なものになった。*


スピードスケート選手のニルス・ファンデルプールは、人生の中で選手として進化する過程でさまざまな形で衝撃を受けることを認識していた。

たとえば、大きな大会で勝つこと、負けること、けがをすること、年齢と共に体力が衰えること、普通の職業に従事している人たちがまだ何年も活躍できる年齢で、競技から引退しなければならないこと――進化の過程ではこのような衝撃はつきものだが、自分の人生ではすべてが起きることを認識していた。

彼の並外れた知恵は、それを認識しただけでなく、それに対して対処しようとした。

「友だちはスポーツ関係者ばかりで、それ以外の人はほとんどいないことに気づいて衝撃を受けた」と彼は綴り、次のように続ける。

「休養日に会ってできた友だちのおかげで今はとても充実している。……彼らは新しい視点でぼくの人生を明るく照らしてくれる。……この生き方を続ける価値があると思えるのは、ぼくが競技の外に作った価値のおかげであって、競技で成功したためではない。……長期的に見ると、ぼくが競技の外に築いた価値があったからこそ、ぼくはスポーツを前よりも好きになった。それらはぼくの人生の邪魔になるどころか、豊かにしてくれたからね」[6]

スケートリンクという境界線を越えることで、ファンデルプールは自己認識を多様化させた。スポーツの外で見つけた活動が彼のスポーツ人生を支え、スポーツ人生も彼がスポーツの外で見つけた活動を支えるようになった。彼はこれらを統合したのだ。

2022年の北京オリンピックで、ファンデルプールは2つの長距離種目で優勝し、世界記録を樹立して圧倒的な強さを見せつけたが、おごり高ぶることも、試合後の気分の落ち込みに悩まされることもなかった。それどころか、62ページにわたるトレーニングの指南書を公開し、その後は友人たちと過ごした。

だが、彼の複雑性の物語には続きがある。

＊かなり悩んだあと、このエピソードを本書に加えることにした。世界の多くの国では今も、同性愛者がいる家族はよその家の人たちの価値観と衝突することがある。できれば近い将来、同性愛がごく普通に受け入れられるようになり、このようなエピソードを入れる必要がなくなることを願う。同性愛も異性愛も性的指向にすぎない。誰と寝たいかということを除けば、彼らの本質に違いがあるわけではない――ジンジャーは、娘の告白を受けてそのことを瞬時に悟ったのだ。

中国政府が言論の自由を制限し、反対意見を抑圧し、少数民族を弾圧していることを知った彼は、抗議行動を取ることを決意。オリンピック終了から1週間と経たずに、イングランドのケンブリッジで開催された小さな式典で、活動家の桂民海《グイミンハイ》の娘アンジェラに金メダルをプレゼントしたのだ。

桂民海は中国生まれでスウェーデン国籍を持つ書店経営者で、中国政府に批判的な本を販売した罪で10年間の懲役に服している。

金メダルをアンジェラに贈ることを決断した理由について、ファンデルプールはこう語っている。

「ぼくはただ人権問題に焦点を当てたかったんだ。人生を捧げてようやく勝ち取った勲章を人にあげるのはシュールな気がするけど、それが人生にさらなる価値を与えてくれる――競技場でスケートを滑っているだけなんて、ぼくらしくないからね」[7]

世界記録を樹立して2つの金メダルを獲得する――そのような瞬間には、アイデンティティが狭められて固まるリスクが高くなるものだ。ファンデルプールは文字どおり、そのアイデンティティを脱ぎ捨てたが、その事実は彼が人生の小道をどう進もうとしているのかを見事に象徴している。

「世界屈指のスピードスケート選手」というアイデンティティが確立されそうになった瞬

間、彼は進んでそれを多様化させ、自己認識を統合した。彼は複雑性を備えていたおかげもあって、これまでの劇的な変化を乗り越えられたのであり、今後同じような状況に陥っても果敢に対応できるに違いない。

ファンデルプールがトレーニングの指南書の最初に引用したカール・ユングの言葉通り、「実在するものはすべて変化を免れず、そして変化するものだけが真実であり続けるようだ」。彼はユングの格言を心に刻んでいるのだろう。そしてその格言には万人に役立つ知恵が詰まっている。

あなたは独立的か、相互依存的か？

20世紀半ば、心理学者のクルト・レヴィンは独自の**場の理論**を提唱した。簡潔に言うと場の理論とは、あらゆる行動は個人と環境が相互に作用しあった結果生まれるものだという考え方だ。つまり人間には絶えず変化する思考や感覚や衝動があるが、それらは脳と身体と周囲の環境が相互に作用し合うことで変化するという。[8] 心理学の学術論文の中でも、場の理論に関する論文はもっとも引用件数が多い。

レヴィンがこの理論を提唱した当時の心理学は、個人は独立した別個の存在だという考え方が中心だった。それを思うと、場の理論という洞察は形容しがたいほど深い考察だ。おまけに聞いた瞬間になるほどと思える理論でもある。

友人と一緒にいる時、職場で働いている時、義母の家にいる時、美しい音楽を聴いている時、土砂降りの雨に降られた時、ビーチで日光浴をしている時、ＳＮＳをスクロールしている時、あなたは異なる人格になる。この意見に反論する人は多くはないだろう。

もっとも、自分の「自己」をどう捉えるかという問題になると、少なくとも欧米人は環境の役割に目を向ける人はほとんどいないし、ましてや重要視しようとは思わないだろう。むしろ、自分の「自己」を定義してくださいと言われたら、大多数の人が自己を覆っている身体と頭というごく狭い範囲内で自分を定義するだろう。

エニアグラムのどのタイプか、またはＭＢＴＩのどのパーソナリティに該当するかと尋ねられた時、もっとも正確な返答はその状況での自分〝次第〟だ。**あなたの「自己」の定義は、あなたがいる場所、誰といるか、空腹か否か、前の晩どれだけ熟睡できたか、その朝に運動したか否か、その他さまざまな要素で決まる。**

スタンフォード大学の行動科学者ヘイゼル・ローズ・マーカスとアラーナ・コナーは、さまざまなテーマに関する文化の違いによる差異を研究している。

概して、アイデンティティに関しては、欧米の人々は自己を独立したものと、東洋人は自己を相互依存的なものと解釈する傾向があるという。マーカスとコナーは共著『衝突！　多文化社会でうまくやる方法』（未邦訳）の中で次のように書いている。

「自己を独立的なものだととらえる人は、自分は他者や環境に影響を与えるような唯一無二の個人で、束縛などなく自由で平等だ（むしろわたしは偉大だ！）と考える。他方で、相互依存的な自己を持つ人は対人関係から自分を捉え、他人との共通点を見つけ出し、それぞれの状況に適応し、伝統や義務を重んじる[9]」

慶應義塾大学の今井むつみとノースウェスタン大学のデッドレ・ゲントナーが設計した実験について考えてみよう。

研究室に被験者を呼んで、〝S〟の形をした砂の山を見せる。

次に、被験者にさらに2つの状況を見てもらう。1つは何の形もしていないただの砂の山。もう1つは〝S〟の形に置かれたガラスの破片。

最後に、被験者にこの2つの場面のうちどちらが最初の場面に似ているかと尋ねる。今井とゲントナーは、さまざまな文化圏で被験者にこの2つから1つを選ばせた。

多くの実験において、欧米人の被験者はガラスの破片を選ぶ確率が圧倒的に高いのに対して、東洋人の被験者は砂の山を選ぶ確率が高かった。

言い換えると、最初に状況を見た時に、欧米の被験者は砂（場）でできた〝S〟（物体）

を見たと思ったのに対して、東洋の被験者は〝S〟（物体）の形をした砂（場）を見たと思ったということだ。[10]

ただし、本質的にどちらの見方が良い・悪いということではない。「（我々の）多くの研究を通して、独立的な自己も相互依存的な自己も、どちらも思考、感情、活動においては同等レベルで、ただ同じ状況に対して若干異なる考え、感覚、行動を伴う場合が多いだけだ」とマーカスとコナーも著書の中で論じている。[11]

もっとも重要なのは、まったく同じ状況であっても、どのレンズを通して物事を見るかによって、見え方が変わってくることだ。

これほど顕著で予測可能な文化的な違いがあるということは、どちらのレンズも――つまり独立的な見方も、相互依存的な見方も――主に文化を通して習得されたものだと考えられる。生まれながら決まった物の見方をする人はいない。物の見方は時間をかけて身につけるものだ。

さまざまなレンズが存在することを意識すれば、いろいろな方法で世界を見渡せるようになる。わたしはどんなレンズを通して見ているか？　ある状況を見るのにそれが一番最適なレンズか？　と自問することができる。

もうひとつ非二元論の例を紹介しよう。もっとも流動的で、わたしがもっとも有利だと思うのは、**自己を独立的であり相互依存的でもあると考える**やり方だ。この2つの自己は矛盾すると思われがちだが、両方の自己を使えれば、一つの道具箱に2種類の道具を持っているのと同じで、強力な武器になる。

状況によっては、独立的な自己、つまり唯一無二で強い影響力を持つ主体的な自己を発揮するほうがうまくいくことがある。たとえば、自分でいろんなことをコントロールできる環境で、ほぼ単独で大きなプロジェクトをやる時など。

他方で、他者と協力しながら働いている時や、多くのことをコントロールできない不安定な環境で働く時は、協調的で順応しやすい相互依存的な自己を発揮するほうがうまくいきやすい。

エクアドルの首都キトを拠点とするミュージシャン、プロデューサー、そしてDJでもあるニコラ・クルスにとって、テーマと背景の融合、および個人と環境の融合は音楽を探求する際の重要なテーマとなっている。

「アンデス・ステップ」とも呼ばれる彼の魅惑的な音楽は、ジャンルの域を超えて非二元論を体現している。ダウンビートでモダンなエレクトロミュージックと、祖先から伝わる伝統的な音が交わって生まれる音楽だ。クルスの音楽はエクアドル固有のリズムや民族音楽を世界に知らしめ、世界中の聴衆を魅了している。

米公共ラジオ放送局〈ＮＰＲ〉のリポーター、ソフィア・アルヴァレス・ボイドから、「南米の物語と神話を音楽に融合させようと思ったきっかけは何ですか？」と尋ねられた時、彼はこう答えた。

「エクアドルのようなところに住んでいると、自然とそうなるんだ。民族音楽やルーツに囲まれているからね。ラジオをつけると民族音楽がかかっているし」

彼は他のインタビューでも、同様の意見を述べている。

「エクアドルは民族音楽の国だからね」

クルスを取りまく背景は、彼にとって創作過程の糧であり、それ以上に創作過程そのものだ。彼は背景が作品を形づくることを念頭に、レコーディングをする場所を選ぶ。「Colibria」はニューヨークの倉庫で、「Arka」はエクアドルのイラロ火山にある洞窟でレコーディングがおこなわれた。外部環境という要素が、彼の音楽制作に大きく作用しているのだ。

「さまざまな環境で音楽を作ることで刺激をもらっているよ」とクルスは『ローリングストーン』誌で語り、次のように続ける。

「おもしろい音響や思いがけないものが録音されていることがあって。音楽にそういった要素を取り入れたいんだ」

クルスの人間性を語るうえでは、彼の出身地は切り離せない。彼は祖国エクアドル、故郷の都市キト、それから南米大陸全土の環境を吸収して、それをクリエイターとしてのアイデンティティに昇華させている。彼が創作する作品はいつもこれらから生まれたものだ。

クルスの音楽を聴くと、その根底にある一つの真理が聞こえてくる——自身の生活環境から孤立したら、人は生きていけない。

競技場でも同じことが言える。

スポーツの能力育成に関する重要な論文の中で、研究者のドゥアルテ・アラウホとキース・デイヴィスは、スキルの獲得とは「適応プロセスを洗練させることであり、パフォーマンス環境を取りまくレイアウトの主な特徴を、個人の身体および行動能力の尺度で認識することで達成される」とその特徴を述べている[12]。

35人以上のアスリートをオリンピックや世界選手権でメダリストへと育てた陸上競技のコーチ、スチュアート・マクミランはもっと簡潔な言葉で表現している。

「スキルは、身につけるものでも獲得するものでもない。むしろ、変化し続ける環境との相互作用から生まれるものだ」

最高のアスリートは、環境と協調する方法を見つけ出し、自分自身とパフォーマンスを環境に適応させる。最高のアスリートもまた、独立的でありながら相互依存的でもあるということだ。

わたしたちは環境とは別の存在であると同時にその一部でもある。絶えず変化し続ける環境に対して、流動的な自己認識を発達させるほうが有利だという話をした。さらに掘り下げて、もっと深くて重要で知的にそそられる大きなテーマについて話そう――自分を含めたすべてが絶えず変化する中で、アイデンティティについてどう考えるかだ。

最終的には、永続的な〝自己〟というものが本当に存在するのか？ という問いに直面するだろう。

議論を始める前に、この探求の大まかな道筋を説明したい。

保護された環境下でほんの短い間であれば、いかなる制限にも縛られない完全に相互依存的な自己は、深遠な気づきか悟りを得るかもしれない。だが、その保護された環境と短い間という条件がなければ、そのような自己は混乱しているか精神的に病んでいるように見えるかもしれない。

他方で、完全に独立的な自己――周囲から分離していて影響を受けず、ほぼ不変に思われる自己——もまた、特定の状況においては役立つかもしれない。たとえば屋内プールを全速力で泳ぐ場合など。だがそれ以外のところで自己の独立性を認識したら、精神的な負荷がかかり神経質、不安、孤独、やがてはうつ病になる恐れがある。

次のセクションではこれらの中道を探りたい。すなわち、自分は安定した独自の存在であると同時に、影響を受けやすくて変化し続ける存在でもあると認識することだ。この考え方を身につけると大いに役立つだろう。

変化に適応できる、強くて安定したアイデンティティ

この本を書き始めたばかりの頃のある朝、わたしはジムで3種類の筋トレ——スクワットとベンチプレスとデッドリフト——で筋力を試すことにした。18か月間真剣にトレーニングを積んでいたこともあり、その日は本気でやって記録を更新する最初の機会だった。だが、一回目にバーベルを持ち上げた時に、思うようにもうひと踏ん張りができなかった。以前は簡単にできたのに。言い訳のように聞こえるかもしれないが、デッドリフトが成功するか否かは、わたしにとって前ほど重要ではなくなっていたのだ。

時を戻そう。中学1年生の頃、わたしはアメフトがやりたくて仕方がなかったが、親か

ら反対されていた。そんな折、道端で二人の不良高校生に襲われた。

ぞっとするような体験だったため、わたしはすっかり怯えて、家の近所を一人で歩くのも怖くなった。だが、良い話もある。両親がアメフトをやってもいいと言ってくれたのだ。わたしが自信を取り戻すのにアメフトが役立つと思ったのだろう。

わたしはアメフトに全力で取り組んだ。毎日、最初にウェイトトレーニング室に入り、トレーニングを終えるのも最後だった。強く、たくましくなり、自分の身体に安心感と自信を持てるようになった。女の子たちからモテたが、今さら言うのも何だが、その理由はおそらく腕が太くたくましかったからであって、それ以外の理由ではなかったと思う。

一軍チームのキャプテンになり、その高校の40年間の歴史の中で2年連続で史上最高の成績を収めた（17勝3敗）。小さな大学のアメフト部からスカウトされたが、最終的にミシガン大学に進学した（だが、能力が及ばずレギュラーにはなれなかった）。

アメフトと筋力トレーニングは成長期のわたしのアイデンティティの大部分を占めていた。わたしのアイデンティティそのものだったと言っても過言ではない。

ミシガン大学在学中はアメフトの試合を見に行けなかった。フィールドに立つならともかく、スタンドで見ても意味がない気がしたし、競技をあきらめたばかりで心の傷も癒えていないのにそばまで行けるわけもない。

そこでわたしは発想を180度転換して、持久系スポーツをやろうとトレーニングを始めた。最初はマラソン、のちにトライアスロンに転向した。アメフトとは違ったが、こうしてわたしはアスリートという重要なアイデンティティを維持し続けた。

大学3年の終わりには、1年生の時から付き合っていた女性から、他の男が忘れられないという理由で振られた。今振り返るとあれで良かったと思えるものの、当時は深く傷ついた。わたしはトライアスロンのトレーニングに全力を注いだ――水泳か、自転車か、マラソンが好きだったからというよりも、心の痛みを忘れるためだった。

それから10年以上経過し、最高の妻ケイトリン（前の彼女と別れて本当に良かった）の第一子の出産が迫ってきた頃、わたしは筋トレを再開した。トライアスロンとマラソンのトレーニングをやっていた頃、わたしはかなりの時間とエネルギーを消費し、おまけにけがも多かった。父親としての新たな生活に備えて、健康になれる運動がしたかった。

最初は特に計画もなくトレーニングをしたが、ジムに復帰しただけで気分が良くなった。だが数年もすると――幼児の子育てとパンデミックが重なって、ジム以外の気晴らしがあまりなかったこともあり――ウェイトリフティングにもっと注力するようになった。

自宅のガレージに小さなジムスペースを作り、一回につき90分間のセッションを週4～5日やった。一流のアスリートとは比べものにならなかったが、まったくの初心者よりはレベルが高かった。

さて、冒頭の筋力テストのエピソードに戻ろう。あの出来事について自分なりの仮説を立てた。

2022年にバーベルを持ち上げようとした人物は、高校のウェイトトレーニング室にいた自信のない高校生とも、トライアスロンのコースを走る細身の大人とも違う人物だった。人生で初めて、わたしのアイデンティティの中核はスポーツのパフォーマンスではなくなったのだ。

わたしは夫であり、父親だった。作家、コーチ、読書家、友人であり、精神的な鍛錬もおこなっていた。ジャーマン・シェパードが好きな愛犬家でもある。次に「自然の中を長時間歩きまわることが好き」が来て、それと同じぐらいか、僅差で筋トレが来る。

あの時に最後の踏ん張りがきかなかった理由、デッドリフトの成否がかつてほど重要ではなくなった理由は、スポーツが前ほど重要ではなくなったからだったのだ。

かつてのわたしは、筋力を試すことや体力を維持することがすべてだった。ベストコンディションでパフォーマンスを発揮することは自己保存に関わるほど重大な問題であり、譲歩する余地はなかった。わたしはスポーツを楽しんだが（たいていの場合）、戦闘モードで競争していた。デッドリフトを成功させることや競争で勝つこと、つまりアイデンティティを守るためなら何だってやった。

だが、現在のわたしは、アイデンティティを守るためにスポーツで結果を出す必要があるとは感じていない。デッドリフトの成否も、かつてほど自尊心に影響しなくなった。

最初は戸惑い、いらだった。誤解しないでほしいが、わたしは今もパフォーマンスを気にしている。ただその感覚が前とは違うのだ。そのことをしばらく考えたあと、スポーツとの関係が変わったのだと気づき、好奇心をそそられ、興奮すら覚えた。自分のアイデンティティが内側から徐々に変化していくのを、身をもって体験しているのだから。

普段はごく普通の態度を取り、特定の時だけパフォーマンス志向のアスリートになる方法はあるのだろうか？

必要に応じて、アスリートモードに切り替えられるようになるのだろうか？

それはさておき、パフォーマンス志向のアスリートでない自分は何者なのか？

アイデンティティの他の部分も、徐々に変わっていくだろう。それを認識したうえで、今後どうすればいいのか？

スピードスケートのニルス・ファンデルプールといった一流選手に比べれば、わたしのアスリートとしての能力など足下にも及ばないが、スポーツに対する真摯さは引けを取らない。そのような人はわたしだけではないし、人々の情熱の対象はスポーツにとどまらない。

この話をするたびに、みんなはうなずいて共感してくれる。たとえば、かつてアート作品の制作や起業家や医師としての仕事に注力するあまり、それがアイデンティティになっていた人。あるいは、夫や妻あるいはパートナーと別れたばかりで、かつてのアイデンティティから新しいものに切り替えられない人。他にも、かつては「幼い子どもの親」が重要なアイデンティティだったが、子どもが成長してしまった年配者。

どのケースでも、誰もがかつての自分と同じでありながらも明らかな違いがある。対処が難しいやっかいなジレンマだが、誰もが人生でたいてい何度も直面するジレンマでもある。幸いにも、現代科学と太古の知恵を学べばそれを理解しやすくなるだろう。

柔軟でぶれない自我を発達させる

ジェーン・レヴィンジャーは20世紀に活躍したアメリカ人心理学者で、同僚のエリク・エリクソンと共に他者に先駆けて自我の発達について研究した。レヴィンジャーは2008年に亡くなったが、彼女の論文は流動的な自己認識と柔軟でぶれないアイデンティティを発達させるにはどうすればいいのかを理解するのに欠かせない。

レヴィンジャーは自我を、展開するプロセスとして捉えた。静的で変化しないものだとは考えなかったのだ。そのプロセスの中で、**幼少期から大人になるまで9つの重要な段階を経て自我が成熟し続ける**と考えた。

生まれてしばらくは、自我と呼べるものは存在しないと言える。乳幼児は周囲の人、特に世話をしてくれる人や家庭環境に完全に依存している。

赤ん坊から子どもへと成長するにつれて自己認識が発達し、自分は他の人とは別個の存在だと意識するようになる。ほとんどの子どもは2歳頃までにこの重要な段階に達する。

やがてその独自の自己認識が自信を帯び始める。外界で意志に従って行動する（たとえば何かを口にしたり、おまるを使ったりする）ために重要な前提条件だ。

自分は他人と別個の存在であるという意識を持つことは、いわゆる「心の理論」――世界は自分を中心にまわっているわけではないこと、他の人にもそれぞれ独自の欲求やニーズがあることに気づくこと――を発達させて社交的に行動するのに役立つ。

その後、青年に成長するとルールや社会規範について学ぶと共に、自分を取りまく環境に潜む危険性をうまく切り抜けて自分を守る術を習得する（たとえば高校生の頃のわたしが道端で襲われた時みたいに）。

大人に成長するにつれて、自我は洗練されていく。

レヴィンジャーが提唱した発達モデルの後半段階に運良く到達できれば、他者から評価されたいとか何かを達成したいといった欲求よりも、内面的な意味や心の充実感を優先するようになる。

最終段階になると――レヴィンジャーの研究によると、この段階に到達する人はごくまれだという――自我は深い共感的理解と自己受容を発現するようになる。自分の特異性だけでなく他人の特異性も尊重するようになり、周囲のすべてとは別の存在でありながらもつながっていることを理解できるようになる。[13]

一部の発達心理学者たちはもう一段階上があると主張し、それを〝結合的段階〟と呼んだ。この段階になると、自我は確固たるものであり柔軟でもあるという事実を受け入れられるようになる。自我はこの矛盾しているように思える2つの状態を統合して、一つの統一体になることができるだろう。[14]

あらゆる仮説と同様に、レヴィンジャーが提唱した自我の発達モデルもその正確性や適用性をめぐって批判されてきた。そうは言っても、時の試練に耐えてきた。レヴィンジャーは、オーストラリアからインドまで異文化間での信頼性が証明された有効な調査機器を使って、各段階を入念に測定した。[15]

わたしがレヴィンジャーの自我の成長段階がすぐれていると評価するのには、2つの理由がある。

1つ目は、人間の自己認識は静的ではなく動的である――レヴィンジャーの言葉を借りるならば、「自我は展開しているプロセスだ」と認識していることだ。2つ目は、自我の各段階はうまく機能するものの、やがて壁にぶち当たることだ。

自我の成長モデルの展開をまとめると次のようになる。

人間は、独自の強い自己認識を発達させてそれに依存することで生き残る。だが、年を取って知恵を身につけると、少なくとも特定の状況においてその独自の強い自己認識が邪魔になり始める。基本的な欲求を満たしてくれる人や、世話をしてくれた人たちから健全な距離をおいたり、危険から我が身を守ったりするのに役に立っていた自我が、孤独や不安や実存的苦悩をもたらすのだ。

とすると**一番重要なスキルは、現在の自我の発現が自分の役に立つ時はそれを認識し、役に立たない時はそれを捨てることを学ぶこと**だ。

交差点にいて信号が赤から青に変わる時には、独自の支配的な自我を認識することがきわめて重要になる。認識することでアクセルを踏んで前進できるようになる。ジムで重いウェイトを持ち上げる時にも同じことが言える。

だが、子どもが巣立って取り残された時、あるいは病気で病の床にふしている時には、物事を過剰に支配したがる自我ではなく、周囲と相互につながっている大きな自我を認識するほうがいいだろう。

これらは極端な例だが、本人の選択次第で、自我ですら流動的で柔軟な概念になり得るという重要なことを説明している。

「いつもの自己」と「究極的な自己」

釈迦がアジアで教えを説いていた時、ヴァッチャゴッタという外道の修行者が近づいてきて、自己は存在するのですかと単刀直入に聞いた――なかなかの質問だ。仏陀の教典の中で最古のものと言われるパーリ語の仏典を紹介しよう。

「さて、ゴータマ先生、自己は存在するのでしょうか？」とヴァッチャゴッタは尋ねる。

この質問をされた時、釈迦は黙っていた。

「では、自己は存在しないのでしょうか？」とヴァッチャゴッタが反応した。

今度も釈迦は黙っていた。外道の修行者ヴァッチャゴッタは立ち上がってその場を去った。

その後、釈迦の忠実な弟子であり頼れる付き人でもあるアーナンダが、その時の状況について釈迦に尋ねる。

「ああ、釈迦、外道の修行者ヴァッチャゴッタが、あなたに尋ねた2番目の質問はとても重要なものに思えましたが。あの時一体何があったのですか？　どうして彼の質問に答えなかったのですか？」

これに対する釈迦の答えが示唆に富んでいるので、再び引用しよう。

「アーナンダよ、もし外道の修行者ヴァッチャゴッタの『自己は存在するのでしょうか？』という問いに、わたしが『自己は存在する』と答えたら、その答えは〝あらゆる現象は無我である（諸法無我）〟というわたしが得た悟りとつじつまが合うだろうか」と釈迦は答えた。

「いいえ、先生」とアーナンダが答える。

釈迦は続ける。

「そして彼の『自己は存在しないのでしょうか？』という問いに、わたしが『自己は存在しない』と答えていたら、すでに困惑しているヴァッチャゴッタがさらに混乱して、『かつてわたしにあった自己はもはや存在しないようだ』と考えかねないではないか」

釈迦が黙っていたのは、問いに対する有効な答えが見つからなかったからなのだ[16]。

釈迦とヴァッチャゴッタとのやり取り、およびその後のアーナンダとの会話は、仏典の記述の中でもっとも頻繁に議論されているエピソードの一つだ。現代の学者や仏教徒は若干異なる解釈を提案しているが、もっとも一般的で、わたしがもっとも有益だと感じる見解は次の通りだ。

「いつもの」自己は存在する。つまり現在本書を読んでいる自己、状況をコントロールして交差点を渡ろうと決断する自己のことだ。いつもの自己はきわめてリアルで重要なものだ。これがなければ、毎日の生活もおぼつかないだろう。

と同時に「究極的な」自己も存在する。食べている物、かつての経験、祖先の遺伝子、吸っている空気、育てている子どもたちなど、周囲のあらゆる人や物とつながる自己のことだ。[17]

究極的な自己もいつもの自己も、どちらも本物であることに変わりはない。この2つは同時に存在できるし、実際に同時に存在している。

経験を踏まえたうえでのきわめて合理的な主張であるが、人々の頭を混乱させがちだ。深遠な真実にはさまざまな熟慮が必要なのに、わたしたちがあまりに二元論に慣れてしまっているからだ。

釈迦が得た知見――〝**非二元論的な自己**〟という深い真実――は、ジェーン・レヴィンジャーが提唱した自我の発達の最終段階と驚くほど似ている。すなわち、流動的であることを認識している自我、時機が来たら、自己を見失うことなく、手放さなければならないことを知っている自我だ。

われわれが問題を抱えるのは、強いアイデンティティがある時ではなく、強いアイデンティティが一つの仕事や人、概念にこだわり、それに執着する時だ。自分の考え方に執着する時も同様だ。

そんなわけで、自分のアイデンティティを同時に2つの方法で維持できるほうが有利だ。一つは常に身近にあるいつもの自己。これははっきりしていて安定している。もう一つは究極の自己。こちらは常に変化し続けていて、いかなる努力をも超越する力がある。

2番目の自己の存在を心にとどめておくと、失敗や変化を前ほど恐れなくなり、1番目の自己をもっと自在に使いこなせるようになる。

前述したスピードスケート選手のニルス・ファンデルプールにも、まさにこれが起きたのだろう。流動的なアイデンティティが発達するにつれて、彼は競争を楽しいと感じられるようになった。彼の言葉を借りるなら「怖いものなし」になった。

ジンジャー・フィームスターは、敬虔なクリスチャンと米南部の母親らしさを貫こうとしたこれまでの人生を、流動的な自己認識によって超越することができた。

そしてわたし自身もパフォーマンス重視のスポーツとの新しい関係、ひいては自分自身との新しい関係を発見しようとしているところだ。

一人ひとりの中に多様性がある

テリー・クルーズはミシガン州フリントで生まれ育った。

子どもの頃はずっと絵画が大好きだった。8歳になる頃にはすばらしい油絵を描くだけでなく、フルートも吹けた。中等学校を通してこの2つで才能を発揮した彼は、ミシガン州北西部にある有名な全寮制学校〈インターロッケン・芸術高校〉の奨学金を獲得した。

最終的にクルーズはその学校に入学しなかったが、それは彼がアメリカンフットボールもうまかったからだ。実のところ、この表現は控えめすぎる。群を抜いてうまかったのだ。そんなわけで彼はごく普通の高校に残ってアメフト競技場で大成功を収めた。

その後、クルーズは2つの奨学金——芸術と陸上競技の奨学金を一つずつ——をもらってウェスタン・ミシガン大学に進学した。カレッジフットボール界で輝かしい成績を残し、1991年にナショナル・フットボール・リーグ（NFL）のドラフトで〈ロサンゼルス・ラムズ〉から指名を受けた。

同チームに入団後は、ラインバッカーとして敵にタックルするかたわらで、チームメートの似顔絵を描くなどして芸術的な感性を維持した。7シーズンを根気強く戦った末の1997年、クルーズはアメフトを引退した。当時の彼は〈フィラデルフィア・イーグルス〉でプレーしていたが、妻と話し合った末にロサンゼルスに帰ることを決断したのだ。

ロサンゼルスへ戻ると、クルーズは俳優に転向してキャリアを積みたいと考えた。彼にとって不運だったことに、ショービジネス界の重役たちは、彼のアメフト選手という経歴が強みになるとは思わなかったようだ。1年間オーディションに落ち続けたあと、クルーズは工場の床掃除をしたり、ナイトクラブで警備員として働いたりした。

多くのアスリートと同様、スポーツ選手からのキャリア転換は容易ではなかった。アメフトのスター選手から、ただの男になったのだから。

「自分はこの程度の人間だったのか（と気づいた）。アスリートとして有名になり、あちこちで知られる存在だったのに、突然、人生を再構築しなければならなくなるのだから。……とても奇妙な経験だったね。まったく異なる人生を構築することは」と彼は語っている。[18]

1999年、ナイトクラブの関係者から、新しいテレビ番組『バトル・ドーム』のオーディションが開催されると聞きつけた。プロレスみたいな番組で、プロのアスリート体型の彼にとってはうってつけの役割に思えた。果てしなくオーディションを受け続ける日々が終わり、ようやくクルーズは役を射止めた。

『バトル・ドーム』後もオーディションを受け続けた彼は、映画の端役に出演して新しい人脈を築いた。ゆっくりだが確実に俳優としてのキャリアが軌道に乗り始め、『最凶女装計画』、『ロンゲスト・ヤード』、『みんなクリスが大嫌い』、『26世紀青年』、『アメリカズ・ゴット・タレント』、『ブルックリン・ナイン–ナイン』といった映画やテレビ番組で役を勝ち取っていった。

あきらめずに挑戦し続けて現在のハリウッドでの位置を確保できたのは、アメフト選手として身につけた忍耐力のおかげだと彼は述べている。
「ぼくがエンターテインメント業界をめざすなんて、ちょっと不思議な気がするよ。でもアメフトでのキャリア、浮き沈み、いろいろな面で苦労したことでエンタメ業界に入るための準備ができた。オーディションで落ちても、自分を否定されたわけじゃないと認識して、再チャレンジできたんだ」とクルーズは語る[19]。
「NFLで7年間プレーしたことが、ハリウッドに進出する準備段階になった。これは本当だ。立ち直るためには、パンチの受け方を学ぶ必要があるということなんだ[20]」

サイエンス・ライターのデイビッド・エプスタインは、著書『RANGE（レンジ）知識の「幅」が最強の武器になる』の中で、**万能型**《ゼネラリスト》になることのメリットを説得力のある文章で論じている。

専門に特化した人《スペシャリスト》がきわめて狭い特定の分野に注力するのに対して、ゼネラリストは幅広くさまざまな経験を積もうとする。エプスタインは、何百件もの研究から、ゼネラリストのほうがメリットがあることが証明されていると述べている。**創造性が高く、健康面や体力面でよりすぐれていて、問題解決能力も高い傾向がある**とのことだ。

科学者、アスリート、アーティスト、作家、起業家、実業家、何になりたいのであれ、エビデンスははっきりしている。有利なのはゼネラリストであり、少なくとも専門を狭める前に幅広く経験を積んだほうがいい。

成長期にさまざまなスポーツをやると、大人になった時にプロになれる可能性が高くなる。芸術をさまざまなスタイルで試すと、傑作を作り出す可能性が高くなる。多種多様なテーマを勉強すれば、科学の分野で重大な発見をするか、ビジネスか経営の問題を解決するための斬新な方法を思いつく可能性が高くなるというわけだ。

この本はすばらしい本で、わたしがこの10年間に読んだ中でもお気に入りの本に入る。この本の評判が高いのは、たとえ現代社会がいつも正反対のことを訴えようとも、この本のメッセージが正しいと直感的に理解できるからだろう。

超専門化は短期的にはうまくいくだろうが、長期的には戦略として名案でも健全でもない。テリー・クルーズのように、自分を流動的な存在と捉えて、幅広いアイデンティティを発達させるほうが有利だ。

2019年にこの本が出版されて以来、さらなる研究により、多くの人はさまざまな分野のものをいくつか試したあとに、特定分野で卓越性を発揮することがわかった[21]。

行動科学者の言葉を借りるならば、**まずは自分のアイデンティティやスキルのさまざまな側面を〝探求〟してから、特定の側面を〝最大限に利用〟するほうが有益だ**ということだ。

おまけに、このサイクルは一生の間に何度も繰り返せる。その理由を説明するのに、アメリカの詩人が書いた有名な一節を引用しよう。以下がウォルト・ホイットマンの詩からの引用だ。

おれは矛盾しているだろうか。
まあそれでもいい、おれは矛盾しているのさ（おれは巨大だ、おれは多様性をかかえている）。

ゼネラリストになると、外的なメリットだけでなく、内的なメリットもたくさん得られる。あなたはますます柔軟でぶれない人間になるだろう。自分を広範囲に定義できるようになれば、変化――加齢であれ引退であれ、何かを得ようが失おうが、成功しようが失敗しようが――が以前ほど怖くなくなる。アイデンティティの一部が打撃を受けても、他の部分を失うわけではないからだ。

次章では、流動的な自己認識――独立的にして依存的、多様化しながら統合されている多角的で大きな意識――について取り上げる。それから自己認識を維持したまま小道を進んでいけるよう、柔軟でぶれない境界線を築くことの重要性について説明しよう。

第3章のポイント

流動的な自己認識を育む

●まるで水のように、流動的な自己認識は隙間があればそこに入って、隙間を満たすことができる。必要であれば、同じ流儀のままで形を変え、隙間から流れ出ることもできる。

●流動的な自己認識は二元論ではない。むしろ――

・多様化されるか統合されるかのいずれかではなく、多様化され統合されるもの

・独立的か相互依存的かのいずれかではなく、独立的でもあり相互依存的でもある

・分離しているかつながっているかのいずれかではなく、分離していてつながってもいる

・いつもの自己か究極的な自己かのいずれかではなく、いつもと同じであり究極的でもある自己

●自分のアイデンティティを非二元論的に概念化し、さまざまに矛盾するアイデンティティを受け入れられれば、その分気持ちも楽になり、人生もうまくいく。

●自分を流動的に捉えれば、内的な変化も外的な変化も怖くなくなる。アイデンティティが柔軟でぶれなくなり、長年にわたる困難な道のりにも、「秩序→無秩序→秩序の再構築」のサイクルが何度起きようとも、めげずに粘り強くいられるようになる。

第 4 章

柔軟でぶれない境界線を築く

How to Excel
When Everything Is Changing–Including You

心の中で川をイメージしてみてほしい。川は具体的な形があり観察できる。だが川は常に流れている。川に不可欠なのが堤防だ。堤防は容器のように川の水を保持すると共に、水の流れに方向性を与える。堤防がなければ川はない。それはただの水たまりだ。

自分のアイデンティティも川と同じだと考えるとわかりやすいだろう。川の流れは個人の流動性を表している。つまり人は蛇行しながら絶えず変化しているということだ。堤防は柔軟でぶれない**境界線**を表している。境界線は、目に見えるはっきりした道筋を作りながら水の流れを保持し、調整する。

前章では、流動的な自己認識を発達させるにはどうしたらいいかを説明したため、主に川の流れにフォーカスした。本章では、堤防について検討しよう。堤防、すなわち境界線をどう定義して当てはめるかを学ぼう。境界線は、複数のアイデンティティを一つにまとめ、長い時間をかけてそれを形づくってくれるだろう。

この概念を見事に体現している人物がいる。ジョージア・デュランテだ。モデルからマフィアの運転手に転身し、スタント・ドライバー、起業家、それから作家に転身した人物だ。

1960年代、10代だったデュランテはコダックのカメラの広告に起用された。彼女は、ニューヨーク市にあるマフィアが経営するナイトクラブ〈サンダウナーズ〉に足しげく通ってもいた。ナイトクラブは、ごく平凡な生活を送る少女に興奮と刺激を与えてくれた。といっても、彼女は夜のクラブでごく平穏に遊んでいただけだが。

ある運命の夜、その状況が一変した。目の前で一人の男が銃で撃たれたのだ。

「ほんの1・5メートルほど離れたところに立っていた男が、突然銃を抜いて隣にいた男を撃った。……周囲の人たちはみな四方八方に逃げ出し、撃たれた男は床に倒れた」

米公共ラジオ放送局〈NPR〉でのインタビューで、当時のことを思い出しながらデュランテは語った。

〈サンダウナーズ〉のオーナーは、すぐさま鍵の束をデュランテに放ると、車を持ってきてくれと頼んだ。オーナーは「お嬢ちゃん、車を運転してこっちまで来てくれ」と叫んだあと、撃たれた男と側近と一緒に車に乗り込んだ。

デュランテは猛スピードで車を走らせ、記録的な速さで病院に到着した。けが人が車から運び出されたあと、同乗していたマフィアの男たちは彼女の運転技術をほめ続けた。そしてこそこそと話し合ったあと、彼女に〝ドライバーの仕事〟をやらないかと提案した。

最初デュランテは小包を受け取ったり運んだりしていたが、その卓越した運転技術を何度も目撃したマフィアから、もっと危険な仕事を任されるようになった。やがて強盗などの重大な犯罪行為をしたマフィアの逃走を手助けする運転手になった。報酬は高く、彼女は猛スピードで車を走らせるスリル満点の生活を楽しんだ。デュランテが体現する一つの特性を挙げるとしたら、それは強さだった[1]。

数年後、マフィアの抗争が勃発して、デュランテは街から逃げ出さなければならないと感じるようになった。その頃にはマフィアの一員と結婚して7歳になる娘がいたが、夫から暴力を振るわれていた。間もなく、ニューヨークでの暮らしがままならなくなった。

家族でカリフォルニア州サンディエゴへと逃れたものの、夫の暴力は日増しにひどくなり、ある日デュランテは勇気を出して家を出ることにした。7ドルしか入っていない財布を片手に、娘を車に乗せてロサンゼルスへ向かった。二人は車中で寝起きし、コンビニエンスストアから食べ物を盗んでなんとか生き延びた。

最終的に同州ブレントウッドに住む古くからの友人の家に住まわせてもらうことになった。マフィアと暴力的な夫に見つからないよう、隠れて暮らさなければならなかった。とはいえ、生活費を稼ぐ方法も考えなければならない。彼女は窮地に立たされ、人生で初めて八方塞がりの状況に陥った――少なくとも彼女にはそう思えた。

ある日の午後、友人宅のソファに座ってぼんやりテレビを見ていると、急カーブや曲がりくねった崖道を走る車のコマーシャルがたくさん流れていることに気づいた。通常、このようなコマーシャルではドライバーの顔はほとんど映らない。そこでピンときた。完璧な仕事じゃないか。彼女の猛々しい強さと磨き上げた運転技術を駆使できて、身元をさらさずにできる仕事だ。

マフィア時代に培った人脈を頼りに、デュランテは撮影がおこなわれている場所の情報を入手すると、現場に行って、カースタントをやらせてほしいと監督らに頼んだ。女性にカースタントができると思っていなかった彼らは、最初は即座に却下した。ところが彼女が粘り続けると、一人のディレクターが折れて彼女にチャンスをくれた。彼女は見事な運転さばきを披露して監督を虜《とりこ》にした。

ハリウッドで一流のスタント・ドライバーとして知られるようになったデュランテには、次から次へと仕事のオファーが舞い込んだ。ほどなくして、ペプシのコマーシャルでシンディ・クロフォードの代役にも抜擢された。彼女の運転技術に対する需要はエスカレートし、すべてのオファーには応えられなくなった。

やがて自分の会社〈パフォーマンス・トゥー〉を立ち上げ、ハリウッドの映画制作会社やほぼすべての大手自動車メーカーにスタント・ドライバーを派遣した。

「人生は思い通りにならない」とデュランテは回顧録『彼女が付き合う仲間たち』（未邦訳）の中で綴り、こう続ける。

「重要なのは、人生にどう対処するかだ[2]」

デュランテの強さと車の運転に対する思い入れには、ぶれない一貫性がある。そしてその強さを体現する方法とどんな状況で車を運転するかについては、柔軟性があった。

仮にあなたが現在の状況を維持したい、変化から身を守りたいと思ってそれを固守すれば、その試みは失敗に終わる恐れがある。その反対に、境界線も方向性も定めずにただ流されると、混乱して自分を見失うかもしれない。

本章のこの先からは、あなたのアイデンティティの進化を促す方法を、少なくともあなたが進む小道を見つけられるように説明しよう。別人のように自分を変えるのではなく、変化や無秩序に向き合い、適応する方法を考えよう。

ぶれない境界線を作る

人生にはコントロールできないものがたくさんあるが、できるものが少なくとも一つある。**核となる価値観《コアバリュー》**、すなわちあなたの根本にある信念や基本的な理念のことだ。あなたにとって重要な特徴や性質でもある。たとえば、正確さ、現在に集中すること、健康、コミュニティ、精神性、関係性、知性、独創性、責任感、信用などが挙げられる。

コーチングをする時、わたしはほぼすべてのクライアントにコアバリューを3〜5つほど挙げてもらっている。状況が比較的安定している時期には、コアバリューは内なる指針として機能する。よって、あなたの心の支えになる概念、あなたが全力で何かに取り組みたくなるような概念を、具体化しよう。一つひとつのコアバリューについて、それをあなたの状況に合わせて具体化して、一文で表現しよう。

たとえば、「現在に集中すること」をコアバリューに掲げる人は、「他者と一緒にいる時は他者と他者の重大な関心事に、わたしも最大の注意を傾ける」と定義するかもしれない。

その次の段階では、コアバリューを日々の生活の中でどうやって実践するか具体例を挙げよう。前述の「現在に集中すること」を例に取ると、「優先度の高いプロジェクトに集中して取り組む時間を、最低でも毎週3時間スケジュールに組み込む」とか、「パートナーに頼んでわたしの携帯電話を夜7時~翌朝7時まで隠してもらい、その間はただ家族と向き合う」といったようにだ。

特に、変化の時期、混乱期、不確実な時期には、コアバリューが重要な役割を果たす。あなたの足下の地盤が揺らぎそうな時や、次に何をすべきかわからない時こそ「わたしのコアバリューに沿った方向に進むにはどうしたらいいか?」と自問しよう。それが不可能な場合は、「コアバリューを守るにはどうしたらいいか?」と考えてもいい。

たとえば、「独創性」をコアバリューに掲げる人は、仕事を変えても、あるいは手段が変わろうとも、独創性を発揮できる。わたし自身もコンサルティング企業のためにパワーポイントの資料を作成したり、医師にコーチングしたり、ポッドキャストで進行役を務めたり、本書のような本を執筆したり、幼い子どもを養育したりと、いろんな方法で独創性を発揮している。

前述したジョージア・デュランテは強さというコアバリューを維持し続けたし、人生が劇的に変化した時もそれは変わらなかった。

コアバリューは汎用性が高く、ほぼすべての状況でその価値観を実践できる。そんなわけでコアバリューは変化のさなかでも安定をもたらし、ぶれない境界線を築く礎となり、そこから流動的な自己認識が逸脱することなく進化するだろう。

コアバリューは、あなたが未知の世界へと進むための指針となり、あなたが長い年月を経て多様化し、統合できるよう導いてくれる。

もちろん、コアバリューは変わる可能性があるし、実際に変わることもある。コアバリューを優先してそれに従って行動するうちに、新しいコアバリューが見つかるだろう。コアバリューをよりどころにして精神的に強くなれば、変化も混乱も不確実性も、前ほど脅威でも怖いものでもなくなるだろう。

ペンシルベニア大学の心理学者エミリー・フォークとその同僚が『米国科学アカデミー紀要』で発表した興味深い論文がある。

彼らは、機能的磁気共鳴画像法（ｆＭＲＩ）技術を使って、人が脅威と感じそうな変化を提案された時に、彼らの脳内で何が起きているのかを検証した。たとえば喫煙者や過度な飲酒をする人には、明日からそれをやめてもらいますと指示する。あるいは運動をしたことがない人に、その日の午後からトレーニング計画を実行してもらいますと指示する。

その結果、自身のコアバリューを内省してからこうした指示を受けた人たちは、脳の一部（腹内側前頭前野）の神経活動が活性化したという。脳内のこの領域が活性化すると、物事を〝ポジティブに評価〟したり、脅威を何とかなりそうな難問だと捉えたりしやすくなる。耐えがたい変化を前にした時、彼らの脳は思考停止に陥ることも抵抗することもなく、その変化に積極的に対応しようとしたのだ。

他方で、自分のコアバリューを内省するよう求められなかった被験者は、腹内側前頭前野の神経活動が活性化しなかった。

その効果は実験室にとどまらない。自身のコアバリューを内省した被験者たちは、内省しなかった対照群よりもはるかに高い割合で、実生活でも大きな変化にうまく対応した（ただし、それは前述した例と同じような、健康的な行動に関する変化だ[3]）。

生物学から心理学に話を変えよう。

一般的に不安の根底には、変化と不確実性に対する過度な恐怖心がある。不安症の治療によく利用される心理療法〝アクセプタンス・コミットメント・セラピー（ACT）〟では、コアバリューが重要な役割を果たすが、このことを踏まえると驚かなくなる。

ACTの開発者であるネバダ大学の臨床心理学教授スティーブン・ヘイズにインタビューした時、彼はコアバリューの最大の効果はコアバリューがもたらす強さと忍耐強さにあると説明してくれた。周囲にあるものすべてが――不安障害の場合は自分の心も――コントロール不可能に思えても、人々は堂々とした態度で、自分の価値観に沿った行動を取れるようになる。

不安を覚えると、人は変化や不確実なものを避けたくなり、生き方が抑制されがちだ。だが、自分のコアバリューを認識しそれを信じれば――つまり、自分の中の核となる深い部分を知り、それを信じることができれば――未知の世界に向かって勇敢に前進できるだろう。何に直面しようとも、あるいは何を感じようとも、コアバリューがあなたを助けて次の段階へと導いてくれると信じることができる。

ヘイズと同僚たちは何百回と実験を重ね、コアバリューにはポジティブな影響力があることを証明している。[4] コアバリューの影響力に関する彼の心理学的な発見は、フォークの生物学的な発見とほぼ合致している。

fMRIを使ったフォークの興味深い研究だけでも、人間の中で何が起きているのかを教えてくれる。恐怖や混乱や脅威のさなかにあっても、コアバリューは一貫性や強さや安定をもたらしてくれる。

このテーマは特に重要なので簡単に要点をまとめておこう。

コアバリューはあなたを導く指針だ。3つ〜5つぐらいあるといいだろう（351ページの巻末付録にコアバリューの例をリストにしておいたので参照してほしい）。

自分のコアバリューを具体的な言葉で定義し、それを日常生活で実践する方法をいくつかひねり出そう。目標は、一見高尚にも思える資質や特徴をできるだけ明確な言葉にすることだ。

変化や混乱に直面した時には、自分のコアバリューを頼りに未知の状況を切り抜けよう。自分のコアバリューに従うにはどう動けばいいか、コアバリューを新しい方法で実践できないかと自問しよう。

外部の圧力で、自分のコアバリューを後回しにしなければならない場合——つまり新たな状況ではコアバリューを建設的に実践できない場合――は、コアバリューを守るために闘うことを考えてみてもいいかもしれない。

コアバリューは変える必要はないが、年を重ねると共に変わっていくものだ。実社会で現在のコアバリューを実践しているうちに、新しいコアバリューにたどり着くだろう。

あなたの中には多様化した自己と統合された自己、独立的な自己と相互依存的な自己、いつもの自己と究極的な自己がある。コアバリューは、これらの自己を一つにまとめて、複雑ながらも一貫性のある永続的な自己を作る。

コアバリューは難しい決定を下す時にも役に立つ。コアバリューが描く境界線に沿って進めば、あなたは逸脱することなく長い年月をかけて進化し成長していくだろう。このテーマについては次のセクションで説明しよう。

柔軟に適応する

神経科学者のピーター・スターリングは、何十年もの月日をかけてアロスタシスの仮説を研究する中で、同じパターンを何度も観察した。それは、長期にわたって健康で回復力がある生物は、絶えず変化する環境に適応できる生物だということだ。

といっても、生物もやみくもに生き延びているわけではない。むしろ、それぞれの主な特徴やニーズに導かれる形で適応する。純粋に生物学的に説明するならば、ほとんどの生物は、食料の摂取や繁殖の機会を増やすことを可能にする自身の強みを活かして適応する、ということだ。

本書の範囲は生物学や生存の域にとどまらないため、スターリングが発見したことを広い範囲に当てはめたい。健康や寿命や卓越性――能力を存分に発揮すること、気持ちよく善行をすることなど――を実現するには、自分の〝主要な特徴〟（本書の〝コアバリュー〟に相当）を守り、それを促進できるように適応する必要がある。だからと言って、いつも同じ方法でコアバリューを実践するわけではない。ここで柔軟性が不可欠になる。

ロジャー・フェデラーは史上もっとも卓越した男子テニスプレーヤーの一人だ。彼のキャリアはいろいろな意味で秀でているが（4大大会での優勝歴20回を含め、ATPツアーでシングルス103勝）、もっとも際立つのはその強さだろう。多くのテニスプレーヤーが20代後半に全盛期を迎えるのに対して、フェデラーは30代になっても圧倒的な強さを見せつけた。

もっともその道のりはずっと順調だったわけではない。2013～2016年にかけて、30代前半だったフェデラーは何度もけがに苦しめられ、特に背中のけがに悩まされた。この間は4大大会で一度も優勝できず、かつてはやすやすと優勝していたトーナメントでも途中で棄権せざる得なくなった。多くの人は、フェデラーもいよいよ年齢に勝てなくなったのだろうと思った。

ところが驚くべきことが起きた。２０１７年、36歳になったフェデラーは信じられないようなシーズンを送った。キャリアで最高とも言える記録を打ち立てたのだ。シーズン成績は54勝5敗。25歳だった２００６年以来の最高勝率を記録した。グランドスラムで2勝し、世界ランキングで2位につけた。

この復活とフェデラーの驚異的な選手寿命は、２つの主な原因によるものと考えられる。一つは、テニスに対するゆるぎのない情熱と、競争で勝つために努力を惜しまなかったこと。もう一つは、時代の変化に適応したことだ。ほとんどの人はキャリアのある時期から変化に抵抗するようになる。これまでと同じやり方を維持したがる。だがフェデラーは普通の人たちとは違う。

２０１３~２０１６年に加齢に伴う困難な時期に直面すると、フェデラーはいくつもの大胆な改革を実行した。

トレーニング量と試合数を減らして、大きな大会と大会の間は休息と回復に集中するようにしたのだ。

ネットプレーを増やして短い時間でポイントをとることで、自分よりもはるかに若い選手を相手に何時間もベースラインを走らずに済むようにした。

また、強力なトップスピンを生み出す片手バックハンドを習得して、エネルギーの消耗を減らした。この技が功を奏して、ライバルのラファエル・ナダルをさまざまな方法で翻弄した。

さらに彼は新技術を取り入れた。キャリアを通して使い続けてきたラケット、彼が史上最高の男子プロテニス選手になるのをサポートしてくれたラケットを手放して、若い選手たちが使っている機能的にデザインされたラケットに変えたのだ。

フェデラーは競争心と卓越性、そしてテニス愛という自身のコアバリューを失わなかった。そして加齢という避けられない現実に直面すると、柔軟に対応した。

「今までのやり方に固執してうまくやることもできるし、ちょっとやめて物事をいくつか変えることもできる。ぼくにとっては、両方をちょっとずつ実践することが重要なんだ」とフェデラーは言う。

「2013年のけがは、『背中を治して復帰すれば大丈夫だ』という現状維持ではなく、もっと広い視野で物事を見るきっかけを与えてくれたんだ。……あらゆるものは進化して変わっていく。ぼくはいつもどんなことも受け入れてきた」[5]

その結果、フェデラーは現代の男子テニス選手の中でもっとも成功し、もっとも長いキャリアを築いた選手の一人になった。さらに彼は若い世代のスター選手たちにとって模範となった。模範という役割は、彼にコアバリューを実践する新しい機会を与えてくれるに違いない。2022年、フェデラーは41歳で現役引退を表明した。

1960年代前半、アメリカの天文学者アーノ・ペンジアスとロバート・ウィルソンは、ニュージャージー州ホルムデルにあるベル研究所で開発された巨大なアンテナを使う機会に恵まれた。もともとこのアンテナは、地球上で情報を遠隔送信するために使われていたが、1962年に新技術が開発されて時代遅れになったものだった。

ウィルソンとペンジアスは自由に使えるようになったこの怪しげな装置を使って、銀河系から送られてくる電波の観測に集中することにした。手持ちの機器の中にこの新しい装置が加わったことに二人は興奮した。

研究でアンテナを使い始めて間もなく、いらだたしい現象が起きて彼らの熱意が削がれるようになった。アンテナをどの方角に向けようとも、背景からまぎれこむ弱いノイズを拾ってしまい、観測したい電波の受信が干渉されてしまうのだ。

雑音源についていくつもの仮説――アンテナ自体から発生する音、さほど離れていないニューヨーク市からのノイズ、核エネルギーを使った人為的活動、惑星運動によるノイズ、鳩などを含む――を検証したあと、二人は無視できない現実に直面した。少なくとも、彼らが絶対的な価値を置いていた科学的研究法に誠実であろうとするなら無視できない事実だ。

アンテナが拾った弱いノイズはバグではなく、何かの作用ではないか。そのノイズ自体が、調査に値するほど重要な宇宙の作用ではないか。

それ以前にも、他の研究者たちがどこからでも聞こえるこの低音に気づいていたが、科学界という大きな業界がこのノイズを真剣に捉えたのは今回が初めてだった。過去に多くの科学者がこの現象を無視したのは、この現象の重要性は宇宙論――宇宙の起源と発達を研究する学問――にしか当てはまらないと考えたからだ。当時、宇宙論はまだ重要な分野として認知されていなかった。

著書『宇宙創成はじめの3分間』（筑摩書房）の中で、理論物理学者のスティーブン・ワインバーグは「1950年代には、宇宙の始まりを研究することは、立派な科学者が時間を割いてまでやることではないと広く考えられていた」と書いている。[6]

ペンジアスとウィルソンは立派な科学者だったが、細部にまで注意を払う彼らの研究姿勢は、この謎の低音を真剣に調べるべきだと告げていた。

ノイズは彼らが元々考えていた調査の対象から外れていたし、見過ごされがちな分野に関わる現象だったにもかかわらず、二人は自分たちの発見をプリンストン大学の物理学者たちに伝えた。

そのうちの一人ロバート・ディッケは、当時論争を巻き起こしていたビッグバン理論を証明しようと研究していた。ディッケは、宇宙が誕生した時に起きた爆発の余波は、背景放射線として知覚されているだろうと考えていた。そしてウィルソンとペンジアスが偶然発見した現象は、この仮説を裏づけるものだった。

当初ウィルソンは、自分たちが発見したことが、ビッグバン理論の証明に役立つかもしれないと知っても興奮したりはしなかった。[7]結局のところ、彼はビッグバン理論とは反対の立場を取る、定常宇宙論（宇宙には始まりも終わりもないという仮説）を支持していたからだ。[8]

だが、過去の科学的な研究結果と組み合わせたところ、この事実、つまりかすかな背景ノイズを受け入れる以外の選択肢はなかった。彼が巨大なアンテナで観測した現象は、彼が信じていた仮説を立証するものではなかったし、観測しようとしていた銀河系からの電波も見つからなかった。彼が観測した現象は、彼の世界観の重要な部分が間違っていることを証明するものだった。
ペンジアスとウィルソンが最初に頭痛の種だとみなしたノイズは、今では科学者たちから〝宇宙背景放射（ＣＭＢ）〟と呼ばれている。宇宙背景放射の発見によって、今やビッグバン理論は宇宙の起源を説明する有力な理論として確立されただけでなく、宇宙の歴史に関するさまざまな知見ももたらされた。今日、天文学者は宇宙背景放射を使って、宇宙の構成要素を特定したり、銀河系の起源を解明したり、ビッグバンの瞬間に何が起きたかなどを研究している。[9]
ウィルソンとペンジアスは、当初の仮説や目的だけに注目することもできただろう。ノイズを不可思議な干渉とみなして、無視することもできた。自分たちの考えとは異なる宇宙論を支持する研究者たちに、発見したことを報告しない選択肢もあった。彼らがそうしていたら、人類は今も宇宙の重要なささやきに気づかなかったかもしれない。
だが、二人の研究者は科学的研究法という互いに共通のコアバリューを見失わず、実験で得た証拠に基づいて研究の方向性を変え、やがて結論も変えることを選んだ。二人のぶれない柔軟性は報いられた。[10]１９７８年、ペンジアスとウィルソンはその功績が認められてノーベル物理学賞を受賞した。

ジョージア・デュランテ、ロジャー・フェデラー、アーノ・ペンジアスそしてロバート・ウィルソン――彼らのストーリーは、ぶれないコアバリューを柔軟に応用したらどれほどの力を発揮できるかを教えてくれる。

柔軟性がないぶれない軸は単なる頑固であり、ぶれない軸のない柔軟性は不安定なだけだ。だが、この2つを組み合わせれば、長期にわたって成功するのに必要なしなやかな強さを手にすることができる――このことは個人だけでなく、組織にも当てはまる。

個体群生態学――長く繁栄する組織に共通すること

1970年代後半、スタンフォード大学のマイケル・ハナンとカリフォルニア大学バークレー校のジョン・フリーマンら二人の組織心理学者は〝**個体群生態学**〟と呼ばれる理論を提唱した。

個体群生態学とは、特定の産業に注目して、長期にわたって組織がどう誕生しどう消滅するか、その推移を検証する学問だ。彼らは、特定の分野の経営環境が変わると、一部の組織が淘汰されて別の組織に取って代わられる現象を何度も目にした。新たに台頭するのは、競合他社か、外需を取り込む企業かのいずれかだという。

今もなお、個体群生態学は組織研究の基礎を成している。複雑で難解な学問であり、博士号が取れそうなほど専門的だ。この分野の3大原則をまとめると次のようになるだろう。

1つ目は、組織構造が硬直的であればあるほど、その組織は混乱期に淘汰される可能性が高くなること。

2つ目は、組織の短期的な強みが長期的には弱みになりやすいこと。つまり、組織が特定の特質や目標に固執しすぎると、環境が変化した時に、その特質や目標が邪魔になるということだ。

3つ目は、外的な変化が大きければ大きいほど、その産業に根づいた組織はすべて消滅するか、前の形態をとどめないほど大きく変化するかのいずれかになること[11]。

言い換えれば、組織は個人のようなものだということだ。変化と混乱に満ちた時期には、組織はアイデンティティを維持しようと奮闘する。中途半端に変化する組織もあれば、アイデンティティを完全に見失ってしまう組織もある。**長年にわたって繁栄し続ける可能性があるのは、意図的に強固な境界線を作って、それを柔軟に適用する組織だけだ。**

1970年代にハナンとフリーマンが個体群生態学を考案した頃は、産業界の大規模な変化は比較的緩やかなペースで起きていて、あたかも地球の表面を覆うプレートが少しずつ動くようなものだった。

ところが1990年代にインターネットが急速に普及してからは、ほとんどの産業で変化のスピードが急激に上がった。グローバル経済に関わるほぼすべてがコンピューターに依存するようにもなった。

ムーアの法則によると、CPUの性能は18か月ごとに2倍になるという。その結果変化が激化し、「秩序→無秩序→秩序の再構築」のサイクルが短縮され、サイクルが起きる頻度も増している。

組織が生き延びるには、こうしたサイクルをうまく乗りきることが不可欠で、乗りきれなければ甚大なダメージを負うことになる。世界中の会議室でおこなわれるプレゼンテーションでは、しばしばレンタルチェーン〈ブロックバスター〉が取り上げられるのはそのためだ。一度復活しながらも結局破綻した同社の顚末《てんまつ》は、今やすべての企業にとって絶対に避けたい恐ろしい実話の代表格なのだ。

おそらく新聞社以上に急速な技術革新の影響を受けている産業はないだろう。

かつて紙の新聞は読者にとって唯一の選択肢であり、紙媒体の広告は広告主にとって唯一の選択肢だった。そのため1990年代半ばまでは、多くの読者を抱える全国紙と地方紙が何社かあったうえに、小さな地元紙も無数に存在していた。それはもはや明らかに過去のことだ。

今やウェブサイト、ポッドキャスト、SNS、動画、その他のさまざまなデジタルメディアが乱立し、新聞はこれらの媒体と、広告主や読者（現在はエンドユーザーとか閲覧者などと呼ばれている）を奪い合っている。

ピュー研究所によると、1995年以降新聞の発行部数は60％も減少しているという。過去には一日約6200万部あったものが、現在では2500万部まで落ち込んだことになる。デジタル版の購読者を獲得してはいるものの、2000年以降、新聞からの全体的な収入は66％も減少している。さらに2004年以降、新聞業界の就業率は50％以上も下がった[12]。

大多数の新聞社が生き残りを懸けてもがく中で、繁栄している会社が少なくとも一社ある。

新聞は好き嫌いが分かれやすい。簡単なケーススタディについて考えたいので、それは脇に置いておいてほしい。というのも、文学的嗜好、政治、文化的傾向の如何にかかわらず、『ニューヨーク・タイムズ』紙がビジネスとして、業界における大規模な混乱と破壊の時期に、群を抜いて好調だったことは異論の余地がないからだ。

2000年時点で同紙を有料で購読している読者数は約120万人で、その大多数が紙の新聞を読んでいた[13]。2022年までに同紙の有料購読者数は1000万人を超え、その大多数はデジタル版にアクセスしている[14]。もっとも、〝新聞〟にアクセスするという表現には違和感を覚えるが。

さらに同紙はポッドキャストやクロスワードパズル、そして料理アプリでも、何百万人ものユーザーを獲得している。

『ニューヨーク・タイムズ』紙も広告収入の減少による影響を免れないものの、高い収益を維持している。2021年、同紙の純利益は2億2千万ドルと発表され、同年末に同社の株価は一株54ドル超と史上最高値をつけた。2000年の株価と比較して20％超の上昇だ[15]。

きわめて不利な状況の中、『ニューヨーク・タイムズ』紙がめざましい業績を上げているのは、同社がコアバリューを柔軟に応用しているからだ。

同社のウェブサイトには、独立性、誠実さ、好奇心、異なる視点を探すこと、卓越性を重んじると書かれている。20世紀から21世紀へと移る間に同社の組織は変容したが、価値観は変わらなかった。変わったのは、コアバリューの実践方法だ――特にどこから、そしてどうやってオーディエンスにリーチするか、という点で。

これを実践するにはぶれない軸と柔軟性が同じぐらい重要になるが、ご存じの通り、今もそれは克服すべき課題のままだ。

『ニューヨーク・タイムズ』紙の発行人、アーサー・オックス・サルツバーガー・ジュニアは、早くも1994年時点で次のようにコメントしている。

「読者が（弊社のコンテンツを）CD－ROMでほしいというなら、その要望に応えるよう努力します。インターネットですか？　わたしは構いませんよ。……どこかの親切な方が技術を開発してくれたら、わたしは喜んでコンテンツを読者の大脳皮質に直接照射しましょう[16]」

スマートフォンは大脳皮質に直接情報を届ける媒体ではないものの、それに近いものではある。

そんなわけで、競合他社よりはるかに早い2010年には、同社はデジタル化の先陣を切ることを最優先事項として掲げていた。さらに2011年にウェブサイトを有料化したが、これも業界初の試みだった。その後サブスクリプションパッケージや商品を増やし、ニュース購読を3種類に分けたり、クロスワードパズルや料理レシピだけにアクセスしたい読者向けのオプションを提供したりした。

さまざまな購読方法を提供した結果、『ニューヨーク・タイムズ』紙は広告収入に依存しなくなった。購読料から記者、ライター、編集者、プロデューサーへの報酬もまかなえるようになった。従来の紙の新聞だけでなくインターネットでも広告収入は減り続けたため、ポッドキャストのコンテンツ配信に注力し、「ザ・デイリー」や「エズラ・クライン・ショー」などの番組を制作。ポッドキャストは「読者」につながる別の手段となると共に、比較的安定した広告収入源にもなった。

『ニューヨーク・タイムズ』紙にとってこれまでで最大の課題は、急速に多様化したコンテンツすべてを統合することだった。それは単なるブランディング活動では済まなかった。

同紙のエグゼクティブ・エディターであるディーン・バケットは次のように語っている。

「わたしはいつも〝真の伝統や中核的なもの〟か〝単なる習慣〟か、見きわめようと努めています。中核的なものだと思っていたものが、実は単なる習慣だったことが多々ありますから。劇的な変化や世代交代が起きる中で、リーダーシップを執る際にもっとも重要なことだと思います。変わらないものもあります――中核的なもの、自分たちのアイデンティティですね。それ以外のものは変わっていくでしょう」[17]

多くの他紙は変化を遮断しようとしたが、『ニューヨーク・タイムズ』紙は変化と対話する機会だと考えた。そうして時代に見事に順応してきたが、今後は未知数のままだ――そんなことは言うまでもないが。

同社が次の外的な変化による衝撃に耐えられるか否かはまだわからない。『ニューヨーク・タイムズ』紙、およびすべての報道機関にとって最大の課題は、ニュース扱いするコンテンツと、エンターテインメント扱いするコンテンツを区別することだ（メディア評論家の故ニール・ポストマンが1985年に予言したように、わたしたちはますます「人の死すらおもしろがる」ようになった）。

深くまで掘り下げて書かれた長い記事や考え抜かれたエッセイと、表面的だが閲覧数の多いコンテンツとの間のバランスを見きわめなければ。そして言うまでもなく、「真実」をどう定義するかを決めて、たとえ読者の反感を買おうともコアバリューを守り、コアバリューが指し示す道をひたすら進むことだ。

自身の進化を導く

第1章で少し触れたが、哲学者のトーマス・クーンが提唱した仮説で重要なのは、科学は「秩序→無秩序→秩序の再構築」という予測可能なサイクルで進歩するということだ。

クーンの傑作『科学革命の構造』には、わたしがきわめて重要だと感じる文章がいくつも含まれている。クーンはこの本の終盤で、科学的な危機がいかにして安定した新たなパラダイムに移行していくのかを説明している。

「価値観を当てはめなければならないこのような状況では、価値観が異なるだけで、異なる選択肢が選ばれることになるだろう……理論の選択の際にはニュートラルなアルゴリズムは存在しない」と彼は書いている。

さらに彼は、科学が不確実性を通して進歩する過程をきちんと理解するには、問題解決に取り組む科学者たちが「共有している価値観」を理解しなければならないと主張している[18]。

変化と無秩序の時期――クーンが〝危機〟と呼ぶ期間――に安定した新たなパラダイムが現れるのは、研究者たちの価値観の結果であって、運ではない。不確実性を切り抜けようとする科学者たちは、自分たちの価値観に従って進む結果、新たな地平にたどり着くのだ。

科学はあてずっぽうに進化するわけではない。ロバート・ウィルソンとアーノ・ペンジアスが宇宙背景放射を発見した過程が示すように、価値観、特に科学的研究法によって導かれる。個人の進歩や組織の進歩についても同じことが言える。

前章で、自分を流動的な存在として捉えることを学んだ。絶え間なく変化し続ける環境と良好な関係を築くには複雑性（多様化と統合）を発達させることが不可欠だということもわかった。

本章では、人間はやみくもに複雑に成長して進化するわけではないことを学んだ。人がいかにして多様化して統合するか、長年の間に小道がどの方向へ向かうことになるかは、ぶれないコアバリューと、そのコアバリューを柔軟に応用する能力や意欲にかかっている。これらをすべて組み合わせた結果が、柔軟でぶれないアイデンティティなのだ。

オードリー・ロードは一つのカテゴリーではくくれない存在だ。1992年に亡くなったロードは、自分を「黒人、レズビアン、母親、戦士、詩人」と称した。

ニューヨーク市で生まれ育った彼女は、カトリック系の学校に通ったあと、公立の高校に進学。その後ハンター・カレッジに入学して図書館学を専攻した。

卒業後はニューヨークのいくつかの公立学校で図書館司書として働いた。エドウィン・ローリンズ（後年、同性愛者であることを告白した白人男性）と結婚して二人の子どもをもうけたが、1970年に離婚した。

1972年にパートナーとなるフランシス・クレイトンと出会う。その間もロードはジェンダー、セクシュアリティ、人種、差別といったテーマと向き合う詩や散文を書いた。

こうしてロードは、公民権運動やフェミニズムからLGBTQ、平等に至るまで、さまざまな人権擁護運動で欠かせない存在になっていく[19]。

40代の頃、いつものように自己診断をしていた彼女は右胸のしこりに気がついた。生体組織検査を受けた結果、陰性と診断された。だが、それから一年と経たない1978年9月に追加の検査を受けたところ、今回は悪性腫瘍と診断された。

ロードはがんの闘病経験を日記やエッセイで振り返り、記録を残し、やがてそれを一冊の本にまとめて『がん闘病日記』(未邦訳)と題して出版した。同書の中で、彼女は悪性腫瘍だと知らされた時にどう反応したかを回想している。

「折にふれて考えていました。わたしはがんなのだと……この状況でどうふるまったらいいのか、模範になる人はどこにいるのか?　でもそんな人はいなかった。もうあきらめましょう、オードリー。独力でやりましょう」と彼女は書いている。

その結果、彼女はさらに多角的な人間になった。死を含めたアイデンティティを持ち、自身が支持した社会運動が人生の一部になった。

「不治の宣告を受けたみたいに身体に死をまとっているけど、わたしは生きている」と彼女は書き記し、こう続ける[20]。

「死を無視することでも、死に屈することでもなく、死を生に統合する方法があるはず」

その答えとして、彼女は自身の余命を燃料にして活発にコアバリューを実践した。正義と平等の実現に向けて、人生だけでなく死をも捧げたのだ。

「やりたかったからやるべきことをやったのだと思えば、死なんて気にならなくなるでしょう。最期が訪れる頃には、死はわたしを奮い立たせてくれた仲間になっているだろうから」と彼女は書いている。

ロードは死を受け入れて自己認識に統合したかもしれない。だが、諸手《もろて》を挙げて死を受け入れたわけではない。『がん闘病日記』の中で、彼女はがんの診断を下されたあとにどれだけ恐怖や絶望を味わったのかを率直に語っている。しかし、正義と平等を実現するための闘いは彼女の誕生と共に始まったわけではないし、彼女の死と共に終わるわけでもないという事実に慰められている。

他の活動家や作家、詩人たちから受け継がれてきた人権運動の歴史の中に自分のライフワークを位置づけることで、ロードは自分のアイデンティティの相互依存的な一面を受け入れ、死期が迫るにつれて自分の〝究極的な〟考えに傾倒するようになった。彼女は、自分を、身体よりも大きくて永続性のあるものを構成する要素だと考えた。その大きい何かは、たとえ彼女が死んでも、彼女の一部をはるか先の未来へと運んでくれるだろう、と。

彼女が打ち込んだ人権運動が今も勢いを増しながら続いていて、彼女の作品が今も大勢の人たちに読まれ、愛されていることを思うと、彼女は見事にこの目的を果たしたと言えるのではないだろうか。

ロードの文章を読んでいると、数年前に亡くなったベトナム出身の禅僧ティク・ナット・ハンが語った心の教えを思い出す。自分のコアバリューに従って行動すれば、その行動の反響を通して生き続けることができる、という教えだ。ハンはこの現象を〝**継続的な体**〟と呼んだ[21]。

「身体が完全に消滅するまで待たなくても、自分の〝継続的な体〟は見えるようになります。ちょうど雲の〝継続的な体〟を見るために、雲が完全に雨に変わるまで待つ必要がないのと同じように」と彼は書いている。

「生きている間に自分の〝継続的な体〟が見えれば、美しいものを確実に未来に引き継ぐためにそれをどう育むべきかわかるでしょう。これこそが、真の生きる術です」

ハンは、わたしたちの唯一の所有物は行動だと説く。人は自分の行動の結果から逃れることはできない。行動は自分の立場を表明するものでもある[22]。その重要性は強調しても強調しきれないほどだ。

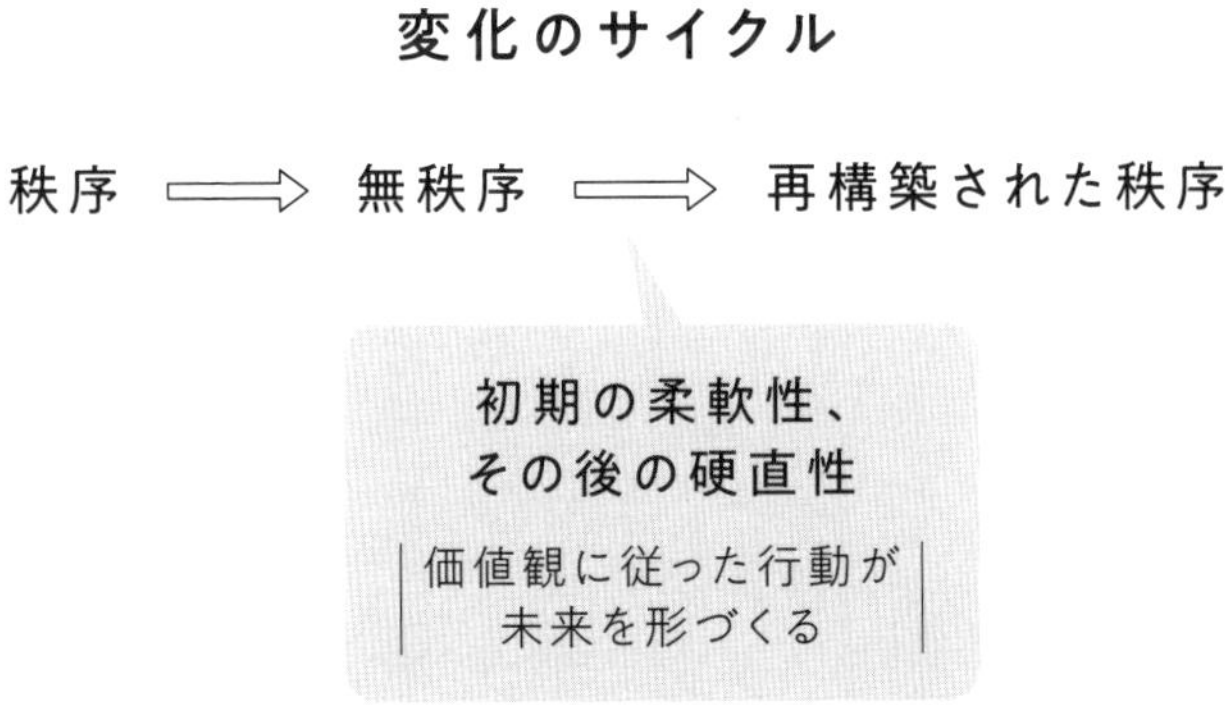

哲学者のウィリアム・マッカスキルは、2022年に出版された著書『見えない未来を変える「いま」――〈長期主義〉倫理学のフレームワーク』（みすず書房）で「初期の柔軟性、その後の硬直性」という現象を紹介している。

物事が急激に変化する期間が終わった直後に、ニューノーマルを創造できる短い期間が生じる。だが、時間の経過と共にその期間は終わり、物事は固定化し始めて再び柔軟性を失う。

つまり、とりわけ混乱期に価値観に従ってとる行動は、その後数百年にわたって影響を及ぼし続ける可能性があるということだ[23]。

たとえ不安を喚起しようとも、変化や混乱は未来を形づくる絶好の機会となり得る――自分自身、組織、コミュニティ、あるいは社会全体にとって。

たとえ小道がこの先どこへ続くのかわからなくて

も（あるいはわからないからこそ）、正しい（価値観に基づいた）ことを淡々と積み重ねていくほうが賢明だ。そうすれば、自分が向かうべき方向へたどり着く可能性が大きくなる。

ぶれない柔軟性は、あなたが受動的でいては決して育まれない。よく考えたうえで意図を持って行動することこそが、変化と対話することなのだ——このテーマについては、このあとのＰＡＲＴ３で詳しく解説する。

第4章のポイント

柔軟でぶれない境界線を築く

- コアバリューとは生きるうえでの主義のことだ。コアバリューはアイデンティティを守る強固な境界線となって、どう多様化するか、どう統合するか、己の小道を進むにはどうしたらいいか導いてくれる。
- コアバリューは3~5ほどあるといいだろう。それぞれを具体的に定義して、日々の生活の中で実践する方法をいくつか考えよう。
- 足下の地盤が変わりつつあると感じた時、あるいは次の一手をどうしたらいいかわからない時は、「どうすれば、自分のコアバリューに沿った方向に進めるか?」と自問するといいだろう。それが不可能なら、「どうすればコアバリューを守れるか?」を考えてみよう。
- 柔軟性とは、自分に誠実でありながら、かつ変わりゆく環境と調和しながら、自分のコアバリューをどう実践し、どう適用するかを絶えず調整し続けることだ。

● コアバリューは時間の経過と共に変わる。現在のコアバリューに従って社会で生きていけば、ごく自然に新しいコアバリューが見つかるだろう。

● 「初期の柔軟性、その後の硬直性」とは、変化と無秩序の期間にはとりわけ価値観に基づく行動が重要になるということだ。価値観に従った行動は、未来を形成するうえで大きなインパクトを与えるだろう。

PART 3

柔軟でぶれない行動

Master of Change

第 5 章

主体的に対応する

How to Excel
When Everything Is Changing–Including You

今から2000年ほど前、ストア派哲学者のエピクテトスは自身の哲学入門書の冒頭でこう述べた。

「あらゆる物事の中には、われわれの力の及ぶものもあれば、及ばないものもある」[1]

続く本文では、ストア派哲学のもっとも基本とされる思想を展開しながら、この二元論について詳述している。

人生には、わたしたちがコントロールできない現象がたくさんある——たとえば老化、病気、怒りっぽい上司、天気、仕事を低評価されること、ライバル、子どもが失敗したことなど。だが、それに対してどう対応するかはコントロールできるし、それにこそ注力すべきだろう。

このようなロジックの起源は、紀元前200年〜西暦200年の間にヨーロッパで広まったストア哲学だと考えられているが、東洋ではその数百年前からすでに同じような概念が追究されていた。

紀元前400年頃に書かれた道家の教典『老子道徳経』の中で、老子は「師は物事が起きるがままに受け入れる。そしてそれを望む方向へと促すだろう」と書いている[2]。

この合理的な考え方が東洋と西洋でそれぞれ独自に生まれたのか、あるいは東洋から西洋へと広まったのかを分析することはわたしの目的ではない（専門分野でもない）。わたしが関心を抱くのは、太古に生まれた2つの主要な知恵の伝統が、「自分に起きることはコントロールできないが、どう対応するかはコントロールできる」という一つの基本的な真理を共有していることだ。

この真理は時の試練に耐えてきた。もっとも有名なキリスト教の祈りは、1951年にラインホルド・ニーバーが書いた「平静の祈り」だろう。

> 神よ、どうか変えられないものを受け入れる平静な心をください。変えられるものを変える勇気、そして、変えられないものと変えられるものを区別する知恵をください。

この真理は、経験科学による綿密な研究にも耐えてきたうえに、アクセプタンス・コミットメント・セラピー、認知行動療法、弁証法的行動療法、マインドフルネスストレス低減法など、科学的根拠に基づいた現代的なメンタルヘルス療法のほぼすべてでこの論理が採用されている。

どの療法でも、自分でコントロールできることとできないことを区別し、コントロールできることに注目して責任感を持って行動する方法を学ぶ一方で、コントロールできないことにとらわれたり、自分を責めたりしないようにする方法を学ぶ。

本書の中心的なテーマ――変化――は、わたしたちにはコントロールできないものだ。変化は、人生のあちこちに存在する予測できない力だ。

わたしたちにできることは、できるだけ自分の価値観に従って効果的に行動するようにしながら、変化とどう付き合うかを学ぶことだ。この先を読み進めていくと、それを実践するための科学――および技術――があることがわかるだろう。


ケイティ[*]は、ノースカロライナ州西部にある中規模の公立小学校で4年生の担任教師をしていた。2020年3月、新型コロナウイルスのパンデミックが始まったばかりの頃で、ワクチンや治療薬が出まわる前、彼女の学区は、対面授業をやめて完全なリモート授業に移行することを決定した。ケイティはたった3日で、カリキュラムをすべてオンライン授業にする方法を考えなければならなかった。

どの教師にとっても難しいことだったが、特にケイティのような低学年を受け持つ教師は頭を抱えた。10歳の子どもに何時間も授業に集中してもらうのは対面授業でも難しい。誰もが世界の状況や自分自身の健康と安全に不安を抱える状況下では、実質的にほぼ不可能だ。

リモート授業への切り替えが避けられないことを初めて告げられた時、ケイティは数分ほどパニックになった。だが、すぐに冷静になって、この状況でコントロールできることは何かを考え、翌週の簡単な授業計画を練った。完璧からはほど遠い計画だったが、自分と生徒たちが前に進むための足がかりになった。

新型コロナの第一波が収まりそうにないことが明らかになると、ケイティの学区は全生徒の自宅にパソコンを送った。これは歓迎すべき重要な決定であったが、課題がないわけではない。

「数人の生徒と連絡が取れなくなりました。何とか連絡を取ろうとする一方で、他の生徒全員をグーグルミートに参加させる方法も考えなければなりませんでした。言うまでもなく、小学4年生には難しいことです」とケイティは当時を回想して、こう続ける。

「親御さんから電話がかかってきて、どうすればＷｉ－Ｆｉに接続できるのかと質問されました。多くの同僚から、さまざまなオンライン機能の使い方を教えてくれと頼まれました。わたしはＩＴ関連のまとめ役になると同時に、低学年の生徒たちのために全授業をオンライン形式に変えようと奮闘していました」

＊身元を隠すために、名前を変えてある。

２０２０年の秋に新しい学年が始まる頃には、多くの同僚たちが辞職してしまっていたため、教師が足りず一クラスの人数が増えた。全生徒がオンライン授業を受けていたので、最初は特に支障はなかったが、２０２１年に学校がハイブリッド型の授業〔対面形式とオンライン形式の授業を同時におこなうこと〕に移行すると、ただでさえ混沌とした状況に教師不足のせいでさらに拍車がかかった。

免疫力の低い子どもたちとその家族を守ろうという善意（浅はかでもあった）から、ケイティの学区は対面式の授業への出席を任意とすることを決定したのだ。この決定によって、教師たちは対面授業とオンライン授業を同時におこなわなければならなくなった。

大企業では、2時間のハイブリッド型ミーティングを開催するために、何千ドルもの予算をサポート技術に費やす。ミーティングの参加者は、高度な能力を持つ大人たちであり、ミーティングの同期やトラブルシューティングだけを担当するITスタッフもいる。

対してケイティは、不満がたまった4年生を相手に１００日間連続で全日ミーティングを開催する方法を考案するのに、半日の作業期間と新しいノートパソコン、励ましの言葉しかもらえなかった。

ハイブリッド型の授業では、いざという時に役立つマニュアルがないまま何度も即興で対応しなければならなかった。たとえば、生徒たちの感情が不安定だと気づいた時、ケイティは、数学や理科といった主要科目の時間を削ってでも、一日の中で定期的なメンタルヘルスチェックを実施することで対応した。

不可能な妥協案を始終吟味させられては不完全な決断を下し、前例のない予測不能な状況下で毎日、そして毎週、できるだけ思慮深く対応した。

オンラインの生徒か対面の生徒か、どちらを優先すべきか？　数学かメンタルヘルスか、どちらを優先すべきか？　社会的支援か文字の読み書きか、どちらを優先すべきか？　リストは果てしなく続く。

2022年、学校の授業が完全な対面授業に戻ると、新たな問題に直面した。「多くの生徒が入学以来ごく通常の学校生活を送ったことがなくて。その調整が大変で、もう疲労困憊でした」と彼女は言う。

そのうえ、まったくばかげたタイミングで（これでもかなり親切な表現だ）、学校の管理者たちが新しいカリキュラムを開始することを決定した。その結果ケイティと同僚たちは、授業をすべて作り直さなければならなくなった。

予想通り、この決定でさらに何人かの教師が退職したため、ケイティのクラスの人数が増え、ソーシャルディスタンスを取ることが不可能になった。最初は窓を開けて換気をしようと考えたものの、ほとんどの窓が壊れていて閉まったままだった。パニックになることも、激怒することもなく、ケイティは淡々とクリエイティブに対応した。

「うちの教室に入ったら、一つの窓が開いていて、窓枠に大きな化石の岩がはさまっていることに気づくでしょう。窓を開けておく方法が他になかったので。手持ちのもので最善を尽くすしかなかったんです」と彼女はわたしに語った。

パンデミックで混乱するさなかに、誠意を持って対応し続けたのはどうしてかと尋ねると、ケイティは2つの理由を挙げた。

1つ目は、自身のコアバリューを毎日振り返るよう努めたからだという。

「どうして、そして何のためにやっているのかと何度も自問しました。地域のためでも、校長のためでもない。子どもたちのためです」と彼女は言った。

2つ目は、自分のコアバリューに沿って行動するために、自分でコントロールできることをやり、コントロールできないものはすべて大目に見ようとしたのだと語った。

「先生の中には、上からの指示をすべて真に受けた挙げ句に不満をため、投げやりになる人や辞める人がいました」と彼女は振り返り、こう続ける。

「わたしは子どもたちを守らなければと感じました。心配でしたから、会議中にばかげたことをやれと指示された時も、頭の中でいつも子どもたちのことを考えていました。わたしはただ黙ってうなずき、教室に戻ると自分にできる最善のことをやったんです。延々と時間をかけて準備したのに、何かが起きて一日が丸潰れになることがあります。そんな時でも子どもたちにポジティブな環境を提供するために、自分にできることをやらなければなりません。とにかく何であれ目の前のことに対応し続けるんですが、パンデミックのさなかでは毎回それが困難を極めました」

驚くほど教師が過小評価され、あらゆる面で支援が不足していても、ケイティの経験を検証すると、自分にできることに集中して、コントロールできないことに気をもむのをやめると、すごい力が湧いてくることがわかる。

無秩序と混乱に直面しても、彼女は軽率な行動をとることも、パニックになることも、自動操縦モードで行動することもなかった。意図をもって対応して、次にすべき適切な行動は何かを思慮深く判断したのだ。

残心《ざんしん》――目の前のことで頭がいっぱいな状態は危険

自動操縦モードでの行動の極端な例として、視点がターゲットに固定する現象がある。車やオートバイの運転手、パイロットによく見られる現象だ。

広く定義すると、車や飛行機などの乗り物を運転する人が目の前にある特定のターゲットを凝視するあまり、それにぶつかるまで突き進んでしまうことだ。

もっとも一般的なのは、車の運転手が目の前の車に集中しすぎて、その車の後部に追突する例だろう。路肩の車に衝突する例もある。車の運転手が、路肩に車が停まっていることに気づいて注意を向けるうちに、その車の方向へと突き進んで衝突する事故だ。

この現象に関する研究は運転に限られるものの、このテーマは人生のあらゆる場面に当てはまるのではないだろうか。**ある目的に集中しすぎると、うっかりそれに衝突して崩壊する恐れがある。**

たとえば登山家が登頂に集中するあまり、天候の急変を予感させる微妙な前兆を見落とすと、下山の際にきわめて危険な状況にさらされるリスクがある。「サミット・フィーバー」と呼ばれる現象だ。あるいは、子どもの将来の成功を案じるあまり、現在子どもが何を必要としているかを見落とす親もいる。昇進を焦るあまり、目の前の仕事を疎かにするマネージャーもいる。

視野を広げて見てみると、目標に固執することは、命を脅かす危険すらあるとわかる。将来の計画であれ、目的地であれ、目の前のことばかりにとらわれていると、知らず知らずのうちに最終的な目的地——死——に直接突き進む危険性があるということだ。その過程にあるさまざまな興味深いものもすべて見落としてしまう。

武道の一つ合気道は、ターゲットに固執するという問題を認識したうえで、それを阻止する方法として**「残心《ざんしん》」**と呼ばれる心のあり方を教える。

残心とは、大まかな定義では、次の行動に備えるために意識を傾け続けることだ。目の前で起きていることだけでなく、周囲で起きていることにも集中する。視野を広げたり狭めたり、さまざまな角度から物事を見るなどして柔軟に物事を見ることだ。

ターゲットに固執することとは対照的に、残心を心がけると、ターゲット（または目的）とその周囲の状況を同時に認識することができる。残心は元々は合気道の心構えだったかもしれないが、そのやり方はさまざまな用途に使えることがわかる。

「残心は未来であると同時に、現在でもある。残心のクオリティが合気道のクオリティとなり、合気道のクオリティが人生のクオリティとなる」と語るのは、合気道の師範で人本《じんぽん》主義的な哲学者ジョージ・レナードだ。[3]

アメリカの大手自動車教習所〈アイ・ドライブ・セイフリー〉では、視点が固定されてしまう問題を解決するために残心を指導している。もっとも、そのような呼び方はしていないが。

「予期せぬものが視野に飛び込んで来た場合、たとえば別の車が車線に入って来たり、リスが道を横切ったりした場合、それを凝視してはいけません——周辺視野を使って、対象の先を見るように心がけてください」[4]

こうやって視野を広げると、何が起きていようともリラックスして、緊張していると見落としそうな小さな手がかりに気づけるようになる。すると、今まさに起きている状況に効果的に対処できるようになる。

車の運転、合気道、子育て、チームのマネジメント、何であれ残心の力を使えば、変わりゆく状況と対話できるようになる。

一つのことに執着していると感じたら——そのことばかり考えている時や、身体が緊張している時も——視野を広げて、目的やターゲットだけでなく、周囲で起きていることにも目を向けるとどう見えるか？　と自問してみてほしい。

立ち止まって、目的地にたどり着くための別のルートを探すこともできるし、最終目的地だと思っていた所がそうではないかもしれないと考えることもできる（本章の後半で紹介する4段階プロセスが役に立つだろう）。

人生で何が起きようとも、残心を実践すれば、変わりゆく状況に対して自動操縦モードで反応する代わりに、意図的に対応できる可能性が高くなる。誤った認識や現実的ではない期待を基に行動する代わりに、現時点での現実と自分の価値観に沿って、より洗練された行動をとれるようになるだろう。その結果、気分が良くなるだけでなく、行動も良くなるだろう。

時は2008年。舞台はミネソタ州のインターラチェン・カントリー・クラブ。全米女子オープンは、誰も予想できない展開を見せていた。

韓国出身の19歳があちこちのグリーンで難しいパットを決めて、圧倒的な強さを見せつけていたのだ。名前はパク・インビ、おまけにプロとしてツアーに参加してまだ2年目だった。2位と大差をつけていたため、最終ラウンドの中盤にはパクが史上最年少でこの有名な選手権でタイトルを獲得して、歴史にその名を刻むことが明白になった。

2008年に全米女子オープンで優勝して以来、パクは目を見張るようなキャリアを積み重ねてきた。4回にわたって女子選手の世界ランキングでトップになった。メジャー選手権での7回の優勝を含めて、21のゴルフトーナメントで優勝しただけでなく、キャリア・グランド・スラム〔全米女子オープン、全英女子オープン、全米女子プロゴルフ選手権、シェブロン選手権のすべてで優勝すること〕を達成した史上4人目の女性になった。さらに2016年の夏には、手にけがをしていたにもかかわらず、リオデジャネイロ・オリンピックで金メダルを獲得している。

パクがこれほどの大成功を収めることができたのは残心によるところが大きい。何が起きようとも冷静で集中力を維持できると言われる彼女は、想定外の変化や困難も見事に乗り越える。それがもっとも明らかなのがパッティングだ。彼女のパッティング技術は男子プロ女子プロ関係なく突出している。

ゴルフライターのマックス・シュライバーによると、「当時の彼女は、３〜４・５メートルのパット成功率が驚異の64％だった。……ちなみにＬＰＧＡツアー（女子トップ選手のツアー）のこの距離での平均成功率は28％、ＰＧＡツアー（男子トップ選手のツアー）の平均成功率は約30％だ……パットの距離が長くなればなるほど、パクはリラックスして自信に満ちあふれる」。

パクによると、彼女がグリーン上でゴルフの手腕を発揮できるのは、注意力を緩めて自分にコントロールできるものに集中して、それ以外のものを気にしないよう心がけているからだという[5]。

「考えなければならない不安定な要素が無数にあるんです……ホールアウトまでにいろんなことが起きますから……わたしはただ適切な速度でパットして、ボールが適切なライン上を進むよう努力するだけです。わたしにできるのはそれぐらいですから」と彼女はゴルフチャンネルで語った。

ゴルフでは、パットは俗にショートゲームと呼ばれる。比較的ホールに近い場所からボールを打つからだ。だが、パクの残心の範囲は、〝ロングゲーム〟への取り組み方にまで及ぶ。

パクは19歳で鮮烈な優勝を飾ったあと、周囲からの大きな期待がプレッシャーとなり、苦しんだ時期もあった。先走ってしまい、次に予定されている試合で勝つことばかりを気にするようになり、現在起きていることに適切に対応できなくなった。

最終的に、彼女は残心をよりどころにして切り抜けた。

「(人々の期待は) 重要じゃない、自分が思うほどみんなはわたしのことなど気にしていないと気づいたんです。他人の目を恐れる必要はないんです。心配するなら、自分のことや正しいことをしているか、でしょう」と彼女は言う。[6] 正しいことをしていれば、自ずと次に何をすべきかがわかる、ということだ。

では、ここから一歩踏み込み、なぜこのようなことが起こるのかを探るために脳科学の興味深い知見を見ていこう。受動的に反応するのではなく主体的に対応し、正しく次の行動をとることの重要性を解き明かそう。

行動活性化と神経科学——「反応」ではなく「対応」する

変化、特に予期せぬ突然の変化に直面すると、扁桃体《へんとうたい》と呼ばれる脳の領域が活性化する。ホモサピエンスの歴史の中でも、扁桃体は初期に進化した古い領域だ。その主要な役割は、天敵に襲われた時に、わたしたちに蹴ったり、叫んだり、逃げたりするよう指示することだ。

神経科学者の故ヤーク・パンクセップは、この領域の主要部分を〝**怒り回路**〟と呼んだ。アイデンティティや安定感が脅かされた時、ほぼ確実に活性化される神経回路だからだ。

怒り回路は反応的な回路へと進化したが、それには合理的な理由がある。仮にサバンナでライオンか虎に追いかけられた場合、すばやく本能的に行動できなければ生き延びられないだろう。

だが今日の社会では、脅威がライオンや虎といった形で現れることはめったにない。そんなわけで、ただちに行動する必要性はかつてほどはない。脅威があるとしても、現代の破壊的脅威——気候変動、老い、病気、職場のストレス、人間関係上の不和など——に対して本能的に反応すると裏目に出やすい。現代においてわたしたちが直面する問題のほとんどは、よく考えたうえで意図的に対応する必要があるのだ。

もちろん、怒り回路は今も役に立つ。とりわけ熊が出没する地方でハイキングをする人にとっては。人類が進化し始めたばかりの頃に比べると、そのような状況がはるかに限られているだけだ。幸い、わたしたちには他の選択肢がある。

脳の別の領域である大脳基底核《だいのうきていかく》は、線条体《せんじょうたい》と呼ばれる小さな構造から成る神経細胞群を通して、扁桃体からの情報を直接受ける。線条体のイメージは、大脳基底核と扁桃体だけでなく、脳内のその他のさまざまな領域につながる多車線の幹線道路のようなものだと考えるとわかりやすい[7]。

大脳基底核が関わるのは怒りだけではない。パンクセップが〝**ワクワク回路**〟と名づけたものも含めた、他のさまざまな行動も制御している。ワクワク回路は、計画を立てたり問題を解決したりするのを促す働きがある。問題に直面した人が、無力感にさいなまれたり、衝動的に逃げたりせずに主体的に動く時、その根底ではワクワク回路が機能している。

パンクセップの革新的な研究のほとんどは、感情神経科学と呼ばれる分野での研究だ。感情神経科学の主な目的は、特定の脳内ネットワークが感情や行動を喚起するという仮説を基に、これらの関係性を研究することだ。

パンクセップ（およびその他の研究者たち）の研究から、怒りの回路とワクワク回路がリソースを奪い合い、ゼロサムゲームをしていることがわかった。[8] つまり、ワクワク回路がつながると、怒り回路は遮断されてしまうということだ。

パンクセップとその同僚たちが最先端の神経科学を使って明らかにしたことは、ほとんどの人が身に覚えのあることだろう。計画を立てたり、難題に注意深く取り組んだりしながら、かんかんに腹を立てて激怒することはほぼ不可能だ。

脳は主体的な対応と反応を同時におこなうことができないため、脳の機能が前者に取り組む間は、後者のような怒りのスパイラルに陥れないのだ。

だが、話はそこで終わらない。

主体的な対応に関わる神経回路は筋肉のようなもので、使えば使うほど強くなる。ニューロンは、同時発火すると配線がつながるのだ。あなたが今日、困難で気が滅入るような状況の中で主体的に対応する方法を習得できれば、明日同じような状況に陥っても習慣的に対応できる可能性が高くなる。[9]

意図的な行動を取るたびに、神経伝達物質のドーパミンが放出される。ドーパミンはワクワク回路の燃料のようなものだ。ドーパミンが放出されると、たとえ困難で不安定な小道を歩いている時でさえ、気分が良くなってやり続けようという意欲が湧いてくる。[10] ワクワク回路に注がれる燃料が多くなれば多くなるほど、怒り回路が優勢になる可能性は低くなる。

南アフリカ在住の神経科学者マーク・ソームズは、意識の起源を探った傑作『意識はどこから生まれてくるのか』の中で、自身が**「効果の法則」**と名づけた理論について書いている。

「効果の法則」によると、人間の思考は重要であることに間違いはないものの、わたしたちの意識を支配して、あれをしろこれをしろと指示する影響力は、思考よりも感情（情動）のほうが圧倒的に強いという。そのため、人は気分が良くなる行動を繰り返す傾向がある。

ワクワク回路とこの回路の燃料となるドーパミンは、計画を立てる時や、主体性を発揮して目標を達成しようとコツコツと段階を経る時など、多くの行動に関わっている。

その結果、次のような好循環が生まれる——不確かな状況に対して意図的に対応すると、気分が良くなり、次回はさらに慎重に対応する可能性が高くなる。[11]

このことが重要なのは、ワクワク回路が優勢な時、怒り回路は自動的に閉鎖されるからだ。**一度生産的なリズムに乗ってしまえば、脳は有害な激情に乗っ取られにくくなる。**

人間は誤りを犯しがちな生き物なので、怒りやパニックなどの反応的な感情に負けてしまうことがある。幸いにも、脳にはそのような反応に対する防御機構が備わっている。だが不運にも、その防御機構のせいで悲しみの感情が起きる。

怒り回路は活性化しても、消耗するまでしか続かない。怒り回路が消耗すると、〝**寂しさ回路**〟と呼ばれる別の回路が優勢になる。すると意気消沈して、憂うつな気分を味わうことになる。

多くの人が経験したことがあるだろう。たとえば、パートナーや友人、子ども、同僚に激しい感情をぶちまけると、その瞬間は気分がいいだろう――とうとう言ってやった。もやもやしていた思いを解き放って爆発させると、なんて気持ちがいいのだろうか、と。

だが、そのように激情を爆発させたあと、ほとんどの人は気分が落ち込む（そういえば、仏陀は怒りを**「甘い先端を持つ有害な根」**と絶妙な言葉で表現した）。

一方で、怒り、憤怒、パニックといった反応的な感情を解決しないまま長期間放置すると、人は燃え尽き症候群、慢性疲労、臨床的抑うつ状態に陥りやすくなる。[12]

無力感、絶望感、抑うつなどの心の状態が油断できないのは、こうした状態を引き起こす物質がすぐに根づき、ワクワク回路を活性化させるのがきわめて困難になるからだ。

「化学的には、『抗議』から『絶望』への移行は、オピオイドと呼ばれるペプチドによって媒介され、ドーパミンが遮断されます。うつ病が、ワクワク回路を特徴づける感情とは鏡のように正反対の感情で特徴づけられるのはこのためです」とソームズは述べている。[13]

わたしが思うに、認知療法よりも行動療法のほうが効果が高いのはこのためだろう。[14]

認知療法では思考によって心の状態を変えるが、行動療法では行動によって心の状態を変える。たとえ自分に無理強いしていると感じようとも行動するのだ。**今日意志を貫いてわずかでも生産的な行動を取れれば、ワクワク回路が有効になり、明日も同じような生産的な行動を取りやすくなる。**ドーパミンが放出されてワクワク回路が優勢になり、ワクワクを求めて生産的な行動が積み重なっていく。

「計画を立てることは思考の一形態じゃないのか?」とか「計画を立てるとワクワク回路が活性化するって前述してなかったか?」と疑問に思う人もいるだろう。

答えはどちらもイエスだ。

だが、きわめて楽観的なことや戦略的なことを考える時ですら、行動する時のドーパミンの分泌量とは比べものにならない。落ち込んでいる時、意欲が湧かない時、やる気が起きない時――つまり脳の寂しさ回路が優勢な時――、生産的な行動を取ると元気になるのはそのためだ。

そのようなネガティブな感情を抱いても構わないが、くよくよと考えたり、それが運命だと思い込むのはやめよう。視点を変えて、どんな感情であれ、それを抱えたまま何らかの行動を取ろう。するとほぼ間違いなく、気分が良くなるだろう。

臨床心理士はこれを**〝行動活性化〟**と呼ぶ。

行動活性化の根底にあるのは、行動はモチベーションとポジティブな効果を生み出すことができるという理論だ。行動活性化は、特にマンネリ化している時に効くと言われている。わかりやすく言うと、何かを始めるために気分を上げる必要はない。何かを始めれば自然と気分も上がるということだ。

よし、やるぞといった最初の勢いを、何かを始めるための〝活性化エネルギー〟だと考えるのも効果的だ。多くのエネルギーが必要な時もあれば、ほとんど必要ない時もある。生産的な行動は自分で強化できる。今日何かを始めようと自らの背中を押せば、明日はもっと簡単にできるようになるだろう。

当然ながら、うつ病や絶望感などメンタルヘルスの問題を抱える人々にとっては、行動活性化は一番効果的な手段とは言えない。

だが、**臨床研究によると、行動活性化は非常に効果の高い手段であり、特に過渡期や混乱期のただ中で気分が落ち込んでやる気が起きない時に有効だという。**

何から始めていいかわからない人は、自分のコアバリューを考えることから始めるといいだろう（コアバリューについては前述した）。

その次に、活性化エネルギーを戦略的に使うにはどうしたらいいか自問しよう――どんな行動を取ればコアバリューを後押しし、あなたに良い刺激を与えてくれるか？　何かを始める気にはならなくても、とりあえず行動して、何が起きるか見てみよう。

わたしたちは、自分の人となりが行動に影響を与えると思いがちだが、驚くべきことに、その逆もまた然りだ。つまり行動も人となりに影響を与えるのだ。

神経科学のさまざまな興味深い研究によると、基本的に人間は変化が起きるとひどく取り乱し、しばらくパニックや怒りで興奮したあと、無気力や疲労感、絶望感のスパイラルに陥りやすいため、警戒が必要だという（そのような事態に陥ることは珍しいことではない）。神経科学は、価値観に基づいて意図的に対応することは、困難ではあるもののはるかに良い小道だということも教えてくれる。この小道について、引き続き探求していこう。

主体的に対応する人の並外れた力

クリスティーナ・マルティネスはメキシコのカプルウアクで生まれた。家族は地元の典型的な料理、バルバコアを売って生計を立てていた。バルバコアとは、ライムジュースやオリーブオイルなど地元の調味料に漬けた肉を、遠火でゆっくり焼いて作る料理だ。

家族経営の店を手伝いながら成長するうちに、マルティネスはこの料理を熟知するようになった。この頃が人生の中でも比較的安定して幸せな時期だったと彼女は言う。

17歳の時に結婚したが、夫の家族も家族経営の店でバルバコアを提供していた。ところが夫の家で彼女は過酷な労働を強いられ、早朝3時から夜10時過ぎまで働かされた。とうとうこんな働き方では身が持たないと夫に訴えると、彼女は夫からひどい扱いを受け、罵られ、身体的に虐待されるようになった。

人生の希望の光でもあった娘のカーラを育てることだけが生きがいになった。カーラには自分と同じように虐待され、人の言いなりになるような生き方をしてほしくなかった。自らキャリアを築けるよう、きちんとした教育を受けさせたかった。

カーラに評判の良い教育を受けさせるには、寄宿制の学校に入れる必要があったが、授業料を払うお金がなかった。残念ながら夫はケチだった。

「カーラがようやく13歳になった頃、夫はわたしにこう言ったんです。娘が良い嫁になれるといいな、って。わたしはその言葉をじっくりと考え、『何てこと。このままでは娘を失ってしまう』と気づきました」

ネットフリックスの番組『シェフのテーブル』の中で、マルティネスは当時を回想して言った。

「カーラに言ったんです、『あなたには同じ人生を歩んでほしくない』って[15]」

夫とその家族が経営する店の売上とは別に、何とかしてお金を稼がなければならない。他に選択肢はなく、彼女は夫や家族経営の店を捨ててアメリカに行く決意を固めた。

カーラを安全な場所に預け、自分は義理の兄が住んでいるフィラデルフィアへ行って仕事を見つけ、稼いだお金をカーラに送ろうと計画した。マルティネスは国境越えを手助けしてくれる〝コヨーテ〟と呼ばれる闇業者を探し出した。数か月後に密入国を決行することが決まった。長くて困難な旅に耐えられるよう、彼女は毎日ランニングして身体を鍛え、たくさん食べてエネルギーを蓄えた。

２００６年の密入国の決行日、マルティネスを含めた24人は飛行機でファアレス市へ移動し、そこから徒歩で国境へ向かった。悪天候と闘い、わずかな食事でしのぎながら砂漠を15日間歩き続けて、何とか国境を越えた。密輸業者が手配してくれた車で7日間かけて北上してフィラデルフィアに到着した。

彼女はすぐに調理の仕事を探し始め、イタリアンレストランで調理補助の仕事を得た。彼女は英語を話せず、シェフはスペイン語を話せなかったため、彼女は見よう見まねで英語を覚えなければならなかった。そして彼女はまさに命がけでそれをやり遂げた。実際、彼女にとってはそれが生きるために必要なことだったのだ。

彼女は優秀で、すぐにパティシエに昇進した。調理場では後に二人目の夫となる同僚のアメリカ人男性、ベンジャミン・ミラーと出会った。何か月か付き合ったあとミラーからプロポーズされ、二人は間もなく結婚した。

結婚式のあと、ミラーがマルティネスのためにグリーンカードを取得しようとすると、弁護士から、雇用主に書類を書いてもらう必要があると言われた。二人がレストランの経営者に書類を書いてくれと頼むと、経営者は彼女が不法滞在者だとは知らなかったと言って、書類を書くことを拒否した。そしてすぐに彼女を解雇した。

仕事を失ったマルティネスは、突然カーラに仕送りする手段がなくなった。だが彼女は怒りで反応することもなく、自分にできることは何かを考えた。そして近所にメキシコ移民が大勢住んでいるにもかかわらず、バルバコアを提供する店がないことに気づいた。そこで彼女はじっくり考えてから行動に出た。[16]

「地域で提供されているメニューにはいろんな選択肢がありました――シーフード、肉料理、伝統的な料理など。でもバルバコアはなかったんです。それで『ここでバルバコアを売ってみようかしら』って思ったんです」

インタビューで人生について聞かれた時に、彼女はそう回想した。

マルティネスは、自宅であるアパートメントでバルバコアを料理して売り始めた。ミラーは業務用の名刺作りを手伝い、いろんな人にその名刺を配り始めた。本格的なバルバコアを作るのに必要な食材が近くで手に入らないと気づくと、二人は自発的に動いて、ペンシルベニア州ランカスターの農家と関係を築き、自分たちで野菜を育てることにした。

彼女の料理はみんなに愛された。メキシコからの移民たちは、料理を食べて故郷を思い出し、感激するほどだった。

マルティネスの料理は大人気となり、自分たちが住むアパートメントではなく、きちんとした厨房のある場所が必要になった。幸運にも、レストランを経営していた友人が別の建物に引っ越すことになり、マルティネスがその場所を引き継げることになった。ミラーがレストランの経営を手伝い、マルティネスは懸命に働きながら、かつてないほどの喜びを味わっていた。レストランの評判はますます上がり、サウス・フィラデルフィアで急成長中の移民コミュニティが集まる場所になった。

2016年、人気の高い料理雑誌『ボナペティ』が、彼女の小さな店を、アメリカで新規開店されたレストランのトップ10に入れた。

「突然、わたしはラジオやテレビに出演したり、雑誌に掲載されたりするようになりました」とマルティネスは回想する。[17]

彼女は自ら進んで公の場で自身の半生を語り、移民労働者の権利を主張した。マスコミによって、彼女の発言は広まり、彼女の料理の人気までも高まった。

今やマルティネスは、歯に衣着せぬ物言いで移民の労働改善を訴える活動家になり、彼女のレストラン〈サウス・フィリー・バルバコア〉は週末になると1500人以上の客をもてなしている。

その間も、彼女は娘カーラがきちんとした教育を受けられるよう送金を続けた。今やカーラは看護師になって自活している。

移民は複雑な問題だ。だが、個人的には、善意の人々が自身の安全と尊厳を守るのが困難であってはならないと思うし、みなさんがこの意見に賛成してくれることを願っている。

本章の前半で紹介したケイティの話や、第2章のブライアン・スティーブンソンの話のように、人々が思い切った行動に出ざるを得ないのは不運なことだ。

だが、考えてみてほしい。第2章でわたしはこう書いた――壊れた世界を改善する機会があるならば、人々が壊れるのではなく、その世界で生きていく術を学ばなければならない、と。

その意味で、絶望せずに、きわめて困難な状況を克服したマルティネスのような人たちからは学ぶことが多い。彼女はドラマのような試練や挫折に遭遇しながらも、感情的に反応することなく、主体的に対応して状況を打破したのだ。

マルティネスの半生を振り返ると、意識を怒り回路に乗っ取られてもおかしくない瞬間が何度もあったが、彼女はワクワク回路を維持し続けた。

虐待的な最初の夫に追い込まれ、そして最愛の娘カーラが自分と同じような未来を歩みそうだと気づいた時、マルティネスはアメリカに移住して娘に仕送りする計画を立て始める。

グリーンカードを取得するために上司に助けてほしいと頼んだら解雇された時も、怒り回路に陥ってもおかしくはなかった――何よりも彼女はそのレストランで一生懸命働いたのだから。しかし彼女は、地域の店で提供されていない料理に注目し、自分でバルバコアを作ろうと思い立つ。適切な材料が十分に手に入らないと気づくと、地元の関係者をたどってその食材を栽培した。

前述した小学4年生の教師ケイティの話でも同じようなパターンが見つかる。彼女もまた、変化と混乱に満ちた難しい時期でも誠実に向き合い続け、できるだけ慎重に考えてから主体的に対応し続けた。

もちろん、彼女たちも煮えくり返るほど腹が立った時もあっただろうが、誰一人として怒り回路に意識を掌握されることはなかった。むしろ、怒りを燃料にして生産的な行動へと邁進《まいしん》した。コントロールできるものとそうでないものを区別して、コントロールできるものに集中し、機械的に反応することなく、主体性を発揮して対応したのだ。

それを繰り返せば、いわゆる〝**自己効力感**〟と呼ばれる意識が発達する。自己効力感とは、困難のさなかでも、自分は現実と向き合って意図的な行動を取れるはずだという、実体験に基づいた信念から生まれる確かな自信のことだ。**過去数十年の研究結果からも、自己効力感が高い人のほうが過渡期や混乱期をうまく切り抜けることがわかっている**[18]。

これは道理にかなっている。変化に対応する自信がない人は、すべてをコントロールしなければならないと思い込み、変化を脅威と感じるようになる。物事をコントロールできないと感じると、人はつい機械的に反応してしまう。しかし、自分なら変化に対応できるはずだと自信が持てれば、徐々に平静を保てるようになる。やがては人生で何が起きようとも、巧みに乗り越えていけるようになるだろう。

自己効力感を高める4段階プロセス

頭で知っているからといって、常にその知識に基づいて一貫性のある行動ができるとは限らない。特に困難な状況では難しい。

わたしのコーチングを受けているクライアントとは、主体的に対応することの利点だけでなく、それを実践する方法についてもよく議論している。そんなわけで、自分の行動が反応か対応かどちらなのか気づくための方法を開発した。その名も、**「2段階プロセスvs 4段階プロセス」**だ。

人が反応する時は、①パニックになって、②前進するために闘おうとする。

主体的に対応する時は、①間をおいて、②状況を整理し、③計画を立ててからようやく④進む。

反応は早い。人は何かを感じた瞬間に反応する。対応はもっと時間がかかる。何かが起きてから、それについてあなたが何かをする／何もしないまでの間に間がある。

その間、つまり距離をおく間に、反射的に湧き起こる感情を落ちつかせ、状況をより正確に理解しようとする——これが状況の整理だ。その結果、脳内にあるもっとも進化した人間特有の領域を使って考え、あなたの価値観に沿った計画を戦略的に練り、それから計画通りに実行する。

対応は反応よりも難しい。特に最初は難しいと感じるだろう。対応するほうがより多くの心的エネルギーを使う。何かをしたいという衝動を抑え、屈することなく誠意を尽くさなければならない。

とはいえ、努力を要するさまざまなことと同様に、前述したさまざまな理由により、主体的に対応するほうが利点が多い。困難な状況において、流されるままに反応すると、しばしば後悔することになるが、よく考えたうえで対応するとそんなことにはめったにならない。

①間をおく

一瞬間をおくことは誰にでもできる。だが、感情が高ぶっている時は、感情に飲み込まれて、瞬く間に反応のスパイラルに巻き込まれがちだ。状況、特に難しい状況をきちんと整理するには時間と距離が必要だ。そのためには自分の感情に名前をつけることをお勧めする。

カリフォルニア大学ロサンゼルス校でおこなわれた一連の研究の中で、研究者たちは被験者たちに、見知らぬ人たちの前で即興スピーチをさせるなどして、想定外の苦痛を伴う状況においた。

被験者の半数には、自分の感情を意識してそれに名前をつけるよう指示した――これを**〝感情ラベリング〟**という。たとえば「胸がぎゅっとするのを感じた」とか「喉元に不安を感じた」とか「手のひらに熱を感じた」など。

残りの半数には、特に何の指示も出さなかった。すると、自分の感情を意識して名前をつけた被験者は、生理的覚醒〔次に何が起きるかを予測して、胸がドキドキするなどの生理現象が起きること〕がさほど起きず、扁桃体――反応（および怒り回路）に関わる脳の領域――もそれほど活性化しなかった。感情ラベリングをした被験者たちは、スピーチ中も気が楽だったと報告している。

この実験で重要なのは、自分の感情をしっかり認識しながらもラベリングしなかった被験者たちがより強い不安を感じたことである。言い換えると、**感情をラベリングする行為は、刺激を受けてから対応するまでの間に距離を作り出してくれる**のだ。[19]

「自分の感情を感じ取れ」とよく言われるが、この格言が効くのは感情に名前をつけた時だけだ。

わたしが思うに、起きていることをただ経験していると、その経験に飲み込まれ、場合によっては一体化してしまうからではないだろうか。

不安、絶望感、緊張に浸っていても楽しくない。だが、これらにラベルを貼れば、感情から自分を切り離せる。ただそれを経験するのではなく、自分はこんなことを経験しているのだとわかる——この行為は時に〝メタ認知〟と呼ばれている。

こうして一歩距離をおいて物事を認知すると、余裕を持って起きていることを整理できる。

感情ラベリングに関する研究が始まってから、まだ10年も経っていない。しかし、名前をつけるという概念は何百年も前からあり、古代神話や民話でも広く認められる。**〝名前の法則〟**と呼ばれていて、誰かの真の名前——似ているだけではだめで、ズバリと言い当てなければならない——を知っていると、その人に対して影響力が持てるというのだ。

たとえばスカンジナビアの民話では、ある魔獣を倒す方法はその名前を呼ぶことだとされている。[20] ノルウェーの伝説には、聖オーラヴがトロールに強引に捕まえられる場面がある。聖オーラヴが自由になるための唯一の方法は、トロールの名前を突き止めることだった。[21]

もっとも有名な例はドイツの童話『ルンペルシュティルツヒェン』だろう。ヒロインは、第一子を産んだら、その子を悪い小人に渡さなければならないが、小人の名前を言い当てれば、子どもを渡さなくてもよいとの条件があった（ネタバレ注意。小人の名前はルンペルシュティルツヒェンだ）。[22]

現代科学と古代の知恵が融合したケースは他にもあると言っても、驚くに値しないだろう。カリフォルニア大学ロサンゼルス校の研究者たちは、感情の名前が具体的であればあるほど――たとえば、〝さみしい〟よりも〝恋しい〟、〝不安〟よりも〝張り詰めている〟など――人々は自分の感情にもその状況にもうまく対応しやすくなることに気づいた。

名前を知っていると、それに影響力を及ぼすことができる。あなたがつける名前が正確で〝真実〟であればあるほど、その影響力は強くなる。その強力な影響力がさらなる距離をもたらし、そのさらなる距離がさらなる主体性と自己効力感をもたらし、流されることなく主体的に対応できるようになる。

②状況の整理、③計画

感情に名前をつけて、自分とその状況との間に距離をおいたら、次は状況を整理して計画を練る番だ。この段階では、いくつかの具体的な心理学的戦略が役に立つだろう。まずは瞑想のインストラクター、ミシェル・マクドナルドが「ＲＡＩＮ」と名づけた方法を実践してみよう。

何が起きているのかを認識（Recognize）する。人生をありのままに受け入れる（Allow）。自分の内なる経験をやさしさと好奇心でもって調べる（Investigate）。自分と経験とを同一視せず（Non-identify）、広い視野から経験を眺める。[23]

距離をおいて広い視野から状況を眺めると、主体性を発揮しながら巧みにその状況を切り抜けやすくなる。研究結果によると、このことは身体的な苦痛や精神的な苦痛、社会的緊張、難しい決定を下すことまで、幅広く当てはまるという。[24]

次に、物事をこのような広い視点で眺めるための方法をいくつか紹介しよう。

予測不能な状況や変化に直面した時は、友人か同僚があなたと同じ状況に陥っているところを想像してみよう。[25] その状況を経験している彼らを深くイメージするのだ。友人を見て、あなたはどう思うか？　どんなアドバイスをするか？

カリフォルニア大学バークレー校の研究で、あらゆる状況、特にリスクが高い状況でこの方法を試すと、状況をはっきりと見きわめて賢明に対処しやすくなることがわかった。

さらに、10年、20年、あるいは30年後の、年老いて賢くなった自分をイメージしてみよう。未来のあなたは居心地のいい書斎で椅子に座ってバーボンか紅茶をすすっているかもしれない。あるいは孫か長年の友人が遊びに来ているかもしれない。賢く老いた未来のあなたは、現在のあなたに何とアドバイスするだろうか？　今、そのアドバイスに従ったらどうなると思うか？

これらの戦略はどれも、心理学者によって〝**セルフ・ディスタンシング**〟と呼ばれている。その目的は、物事を客観視し心に落ちつきをもたらすことで、何が起きているかをクリアな目で見て（整理）、次の行動を考え出すこと（計画）だ。

これらの方法は、ワクワク回路と怒り回路が張り合う瞬間にワクワク回路が有利になるだけでなく、長期的にも何かと役に立つ。距離をおいて自分を見つめるたびに、残心が鍛えられるだろう。常に変化し続けるあなたの経験を見渡せるような広くて、強くて、辛抱強い視野が発達するだろう。

こうして揺るぎのない自己効力感と自信が強まると、前述したように、変化に心地よさを感じられるようになる。

残心、自己効力感、主体的に対応すること、ワクワク回路、感情ラベリング、セルフ・

ディスタンシング――これらが連携して柔軟でぶれない行動が強化されるのだ。

反応するのではなく、主体的に対応できるようになるには**瞑想**も役に立つ。

欧米人が抱く一般的なイメージとは異なり、瞑想は心をリラックスさせて陶酔感を味わうためのものではない。むしろ、さまざまな思考や感情や感覚に反応することなく、傍観することを学ぶためのものだ。

反応したくなるようなこと――身体的であれ精神的であれ、とっさにひっかきたくなるようなむずむずする感覚――が起きるたびに、ただ黙ってそれを眺めることを学ぶ。そのうちに瞑想中であろうがなかろうが、人生で何が起きようとも、好奇心を持ってそれを眺められるようになる。何かに対してとっさに反応することなく、それを感じ、眺め、そして関心を持てるようになるだろう。

また、自分自身や他人に対する思いやりの感情も育むことができる。というのも、正式な瞑想をわずか15分やっただけで、いろんな思い、感情、衝動があふれてくるからだ。そして平静を保つことがいかに難しいかに気づき、何十年にも及ぶ人生ではなおさら難しいとわかるだろう。

さらに瞑想は、いつもの自己に対するこだわりをなくすのに役立つ。レヴィンジャーが唱えた自我の発達段階に従って自我が成熟していき、自我を客観視できるようになり、やがては自我を手放せるようになるだろう。

不安定なさなかに、状況を整理して計画を立てるには、**畏敬の念を抱く**ような経験も効果的だ――たとえば大自然の中で過ごす、感動的な音楽を聴く、心を揺さぶられるような芸術を鑑賞する、などいろんな方法がある。

物事に反応して怒り回路が優勢になることに、作家オルダス・ハクスリーが言う〝減圧弁〟の働きがあるなら、畏敬の念は意識を開くのに役立つ。[26]

カリフォルニア大学バークレー校で心理学を研究するダッチャー・ケルトナー教授は、畏敬の念は宇宙は広いという感覚と直接的に結びついていることを明らかにした。[27]

畏敬の念は、人間の知覚や思考を改善するだけではなく、人間の生物学的側面も強化してくれる。2015年に雑誌『エモーション』に掲載された論文によると、他のどの感覚よりも、畏敬の念は〝インターロイキン6〟と呼ばれるストレスや炎症に関係する分子のレベルを下げることがわかったという。[28]

残念ながら、畏敬の念を感じる機会は減っている。

「大人が費やす時間の中で、労働時間や通勤時間が増える一方で、外出したり友人と過ごしたりする時間が減っている」と、ケルトナーは2016年に発表したエッセイで書いている。[29]さらに彼は、人々は「より個人主義的で、自己陶酔的で、物質主義的で、他者との結びつきが希薄になった」とも記している。

であるならば、実に多くの人々が主体的に対応するのに苦労しているのは驚くに値しないのではないだろうか。整然とした状況下で物事や状況と距離をおく機会がなければ、無秩序な状況下でできるはずがないのでは？

ケルトナーの主張が正しいのなら——わたしは正しいと思っている——、週に一度自然の中を歩きまわるだけで、日常生活で主体的に動きやすくなるだろう。これを身をもって体験したことがある。わたしの場合、急激な変化や不確実な状況を掌握しようと苦闘している時は、自然の中を長時間散歩することが、起きていることを巧みに整理して次の計画を練るのに何よりも効果がある。

④進む

研究者たちがネズミを使ってこんな実験をした。迷路にネズミを入れて遠くにゴールを設置し、その途中何か所かに小さな目標（正しい方向に曲がることなど）を設定して、ネズミが成功するたびに報酬を与え、脳内で何が起きるかを調べた。

その結果、ネズミの脳内でドーパミン——モチベーション、やる気、ワクワク回路に関わる神経化学物質——が分泌されることがわかった。ところが、ドーパミンの分泌を完全に遮断する化合物を与えたところ、ネズミはやる気をなくして進むのをやめてしまったという。[30]

こうした研究は安全性の問題から人間を対象にはできないものの、おそらく人間も同じような結果になると科学者たちは推測する。わたしたちが物事をやり続けられるのは、前進を促す神経科学物質のおかげなのだ。

自発的な対応モードよりも、反応モードのほうがはるかに簡単だ。反応は本能的なものだからだ。ただ動いているに過ぎない。

だが、前述したように、「ただやる」だけでは最善な次の段階に進めるとは限らない。自発的に対応する時は、自ら時間と距離を確保できるため、慎重に前に進める。

問題は、時間と距離を確保するせいで、自身が取ろうとしているアプローチを疑問視してしまうことだ。その結果、分析しすぎてどうしていいかわからなくなったり、疑念が生じて動けなくなったりしがちだ。

こうしたさまざまな摩擦を防ぐには、**実験だと思って行動する**といいだろう。意図的に行動する限り、その瞬間は自分の決定は正しくも間違ってもいないと考えよう。

あとで振り返った時に自分の行動が役に立つとわかったら、その小道を突き進もう。事後に適切ではなかったとわかったら、コースを調整して、4段階プロセスの最初の3段階——立ち止まる、整理する、計画する——をもう一度やってから、再び前進しよう。

このサイクルを繰り返すうちに、ワクワク回路が強化されて怒り回路が劣勢となり、変化や混乱に直面しても反応せずに、主体的に対応できる人（または組織）へと成長できるだろう。

さまざまな分野における継続的改善〔PDCAサイクルのような仮説検証型のプロセスを繰り返して改善を図ること〕を調査した結果から、4段階プロセスのような反復型プロセスは変化と混乱の時期にベストな結果を導くことが判明した[31]。

メディアの情報に反応し続ける人たち

1964年、カナダの情報理論家マーシャル・マクルーハンは、著書『メディア論——人間の拡張の諸相』（みすず書房）の冒頭で「メディアはメッセージである」と書いた。さらに彼はこう続けた。

「いかなるメディア（すなわち、われわれ自身の拡張したもののこと）の場合でも、それが個人および社会に及ぼす結果というものは、われわれ自身の個々の拡張（つまり、新しい技術のこと）によってわれわれの世界に導入される新しい尺度に起因する、ということだ[32]」

わかりやすく言うと、特定のメディアから情報を摂取すればするほど、人間はその情報を行動で示すようになる、ということだ。残念ながら、今という時代にはそれは行動ではなく反応という形で表れる。

変化と混乱の時代の中で、人々が情報を入手するためによく利用するメディアが2つある。ソーシャルメディアとケーブルテレビのニュース番組だ。

どちらも最新ニュースを入手する情報源としては効果的だが——つまり、何が起きたのかを手早く教えてくれる——それ以外の価値については疑問符がつく。

ソーシャルメディアやケーブルテレビのニュース番組は、時間をかけて綿密に分析して計画的に情報を開示したりはしない。むしろ、文脈から切り離した煽りネタが中心で、人々が声高に議論したり、ひどい場合には特段の目的もなく怒鳴り合ったりする（そのほうがいいのかもしれない。わたしにはわからないが）。

ソーシャルメディアやケーブルテレビのニュース番組を見続けると、自発的に対応するどころか、反応するようになる。

ケーブルテレビのニュース番組は、含蓄のある重要な話題にせいぜい数分しか割かず、すぐに次の話題へと移ってしまう。しかもその短い時間に、話題を大げさに取り上げて視聴者の怒りを煽る評論家が登場する。

一方ソーシャルメディアでコメントをする人は、字数制限の範囲内で意見を主張する。おまけに調査結果によると、投稿内容が拡散される確率は主に2つの要因で決まるという。一つは拡散される速さ、もう一つはその投稿がどれだけ人々の怒りを煽るかだ。[33]

現代を生きるわたしたちは反応するよう動機づけられ、反応することで報いられるのだ。

脳科学によると、ニューロンは同時発火すると配線がつながるという。特定の考え方、感じ方、行動のパターンに従事する時間が長ければ長いほど、そのパターンが強化されるということだ。

ソーシャルメディアとケーブルテレビのニュース番組以上に、怒り回路の配線をつなげるのに最適なメディアはなかなか思いつかない。メディアがメッセージであるならば、これら2つのメディアは、反応的な衝動を促すメッセージを鳴り響かせていることになる。

幸い、主体的に対応する能力を鍛えるメディアはたくさんある。たとえば本を読む、尊敬できる人たちと集中して議論を戦わせる、インターネットに接続する時は長い記事を読み、ソーシャルメディアを見る時は炎上目的のユーザーをブロックすることだ。

情報源がどれだけ正確かをチェックしている限り、ソーシャルメディアやケーブルテレビのニュース番組から流れてくるニュースを意識することも問題はないと強調しておこう。ただし、いわゆる彼らの〝分析〟を必要以上に見続けると、すぐに有害な影響を受けるだろう。

問題は、こうしたメディアはわたしたちを取り込もうと意図的にデザインされていることだ。結局のところ、わたしたちの注意を引きつけることで広告収入を得ていて、それが彼らの重要な目的だからだ。

「2段階プロセスvs4段階プロセス」はここでも役に立つ。いつでもこう自問してみよう――このメディアはパニックを誘発して人々をけしかけようとしているか？　それとも人々に、立ち止まって状況を整理して、計画を立ててから進むよう促しているか？

反応であふれかえる環境にいると、あなたもほぼ間違いなく反応的な人になるだろう。だが、もし主体的な対応が必要な人や状況に囲まれれば、主体的な人になれる可能性が高くなる。これは個人だけでなく、社会全体にも言えることだ。

本章では、ぶれない柔軟性を実践するには、絶え間なく変化する人生の潮流に思慮深く向き合う必要があることを説明した。

世の中には、コントロールできないことと、コントロールできることがある。コントロールできるものに集中するとどんなメリットが得られるかを学んだ。〝残心〟と呼ばれる広い意識を発達させれば、変化や混乱に対して、反射的に慌てて反応することなく、巧みに意図的な対応ができるようになる。

他にも、対応と反応に関する神経科学を検証し、ワクワク回路と怒り回路がリソースの奪い合いをすること、さらにはワクワク回路を活性化させると、怒り回路が弱体化することも紹介した。怒り回路が疲労困憊になると、人は意気消沈して抑うつ状態になる。そうなった場合に心の状態を変えるには、思考ではなく、行動を使うほうが効果的だ。

変化と混乱に主体的に対応し、自己効力感を強化するための科学的根拠に基づいた方法――間をおく↓状況を整理する↓計画する↓進むから成る4段階プロセス――を詳しく解説した。そのうえで、各段階を実践するための具体的な戦略を学んだ。

そして最後に、変化と混乱に関する情報をどのメディアから入手するかで、人生で主体的に対応できるか否かが決まるという話もした。変化や困難な状況にうまく対応できる人になりたいなら、見識のある情報を責任をもってじっくりと発信するメディアに費やす時間を増やし、ホットで速くて反応しやすい情報を発信するメディアに費やす時間を減らしていこう。

本章の終わりに不快な事実を紹介するが、次の章でいくらかの希望を提案するつもりだ。

好むと好まざるとにかかわらず、変化と混乱は時にわたしたちを根底から揺さぶり、もっと悪い事態を招くこともある。

状況によっては、本書で紹介した方法をすべて試したにもかかわらず、落ち込んで抑うつ状態や燃え尽き症候群になり、成長も意味も見出せないこともあるだろう。もしかしたら、自分ではコントロールが不可能な巨大で圧倒的な何かに立ち向かおうとしていて（少なくとも、最初はそう思える）、巧みに対応するなんて無謀だと感じる時もあるだろう。

誰もがみな、どこかの時点でそのような暗黒の時期を通過するものだ。人間である限り、それは避けられない経験だ。

次章では、そのような避けられない事態に直面した時にどうしたらいいかについて書こう。詩人ダンテ・アリギエーリが『神曲』の中で描いたような忌まわしい暗黒の森、「正しい道をふみまよい」、「荒涼と　棘だって　たちふさがる　この森のさまは　口にするさえ　せつない」状況に陥った場合に備えて。

そのような状況下では、何が起きているのかを理解しようとしても、得てして逆効果になる。ぶれない柔軟性を発揮するということは、ただその場に立ち、乗り切ることに尽きる場合もある。

無理やり意味や成長を追求する必要はない。意味も成長も、それぞれのタイミングで訪れるはずだ。次章で説明するが、幸いにも自分で自分の足を引っ張らないようにすることを学べば、たいていの場合、物事はうまく進むものだ。

第5章のポイント

主体的に対応する

- 変化と混乱の時期には、コントロールできないものとコントロールできるものを区別しよう。コントロールできるものに集中しよう。コントロールできないもののために時間やエネルギーを浪費してはいけない。
- 定められた道筋や結果に固執すると、最高の結果を出しにくい。何かに固執する代わりに、包括的な広い視野で好奇心を持って周囲を見渡す意識——つまり残心——を発達させよう。
- 怒り回路が優勢になって反応しそうな状況から、主体的な対応ができるワクワク回路が優勢な状況に切り替える一番良い方法は、4段階プロセスを実践することだ。
  - ・自分の感情に名前をつけて間をおく
  - ・その出来事を自分と同一化せず、距離をおいて自分の状況を観察する
  - ・一歩距離をおいてさらに広い視野で全体を見渡しながら、手持ちの選択肢を評価する
  - ・小さなステップを踏んで前進する。各ステップを実験だと思って、調整しながら前進

する

●機械的に反応するのが習慣化してしまった時は、〝自己効力感〟を発達させよう。〝自己効力感〟とは心理学者が名づけた用語で、変化や困難のさなかにあっても、自分は現実と向き合って主体的な行動を取れるはずだという、実体験に基づいた信念から生まれる確かな自信のことだ。自己効力感が発達すればするほど、変化や混乱が怖くなくなる。

●あなたが情報源にしているメディアは、あなたの気質を形づくる。反応を促すメディアよりも、主体的な対応を促すメディアに優先的にアクセスしよう――あなたの健康や社会の健全さはそうした姿勢にかかっている。

第 6 章

意味を見出し前進する

How to Excel
When Everything Is Changing–Including You

2017年わたしは突然、強迫性障害（OCD）に襲われ、二次障害でうつ病も発症した。

強迫性障害は誤解されやすいし、時に非常に消耗する病気だ。強迫性障害と聞くと、几帳面に整頓せずにはいられないとか、ドアのかぎをかけたか、トースターのプラグを抜いたかをダブルチェックせずにいられないなどと思われがちだが、そのような傾向はまったくなかった。

強迫性障害患者によく見られる特徴は、人生を支配しようとするでしゃばりな思考や感情によって、気分が落ち込んだり、自己認識がゆがんだりすることだ。目が覚めている間はずっと、そのでしゃばりな思考や感情の意味を読み取ろうとしたり、やつらを落ちつかせようと試みるものの、結局やつらは、もっとやかましく荒々しくなって戻ってくるだけだったりする。頭からつま先まで電気ショックを受けたみたいになる。

でしゃばりな思考や感情から無理やり気を散らそうとするが、やつらは一日の中の空白の時間を食いものにしようと、常に背後に潜んでいる。まるでパソコン画面に表示されるタブみたいに、最小化することも閉じることもできない。

ベッドに入ると、出しゃばりな思考や感情が意識や身体を這いずり回り、そのまま朝目覚める。食事中もやつらはそこにいる。仕事中もいるし、家族のために注意を払おうとする時もいる。眠っている間もそこにいて、夢をかき乱す。

やつらがあまりにしつこいために、わたしもそう信じているのではないかと自問するようになる。苦しみと恐怖が無限に渦巻いて混乱する。

一年の大半はそれがわたしの日々の現実だったが、やがてセラピーとその他のワークが功を奏し、わたしは仕事と人生が好転し始めていることに気づき始めた。*

強迫性障害を発症する前、わたしは楽観的で、成長志向で、意味を探し求めるタイプの人間だった。その傾向は今も変わっていない。

診断から4か月後のセラピーセッションの時のことをはっきりと覚えている。わたしはまだ暗闇の中にいた。「こんなに苦しんでいるのは、この経験が、意味や成長につながるとは思えないからでもあるんだ」とセラピストのブルックに打ち明けた。すべてが無意味に感じられるし、目的もなくただ苦しいだけで、学びとなるような教訓がない、と。

わたしがかつて読んだ心理学の本や自己啓発書に書かれてあったことと、わたしが経験

＊強迫性障害についてもっと知りたい方は、わたしの前書『地に足をつけるまで』（未邦訳）に実体験を詳しく書いたので参考にしてほしい。ここではただ、強迫性障害がつらくて、いろんな意味で悲惨な経験だったとだけ記しておこう。

していたことはまったく違っていた。そうした本は、暗闇の淵に落ち込んだ時も、いやむしろそんな時ほど、意味を見つけることが重要だと読者に訴えていた。わたしはそういうものだと思っていた。苦しみが人を成長させる、そういうものじゃないのか？

ところが、強迫性障害が何らかの目的と関係があるとは思えなかったし、むしろ目的などないとしか感じられなかった。うつ病を経験したことがあるブルックに、わたしはこうした思いをすべて打ち明けた。

彼女は少し目に涙を浮かべながらこう言った。

「すべてに意味があるわけではないし、その経験から成長する必要もない。あなたが今経験していることに、どうして大きな目的が必要なの？　単に嫌な経験だと思えばいいのでは？」

成長マインドセットを身につけ、人生の意義や目的に対する強い意識を持つことは、健全であることに疑いの余地はない。親、医師、作家、教師、起業家など、どんな職業の人にとっても、こうした姿勢はウェルビーイングや長年に渡って活躍し続けるための土台となる。

だが、人生から予期せぬ変化球を投げつけられると、そうした資質がそもそも通用しない時がある――少なくとも当面の間は（あとで詳しく説明する）。「誰もが持っている心の家にあるそのような部屋に、われわれは憂うつ、喪失、悲しみ、依存症、不安、嫉妬、恥などといったラベルを貼る」と精神分析医のジェイムズ・ホリスは綴り、次のように続ける。「それが人間というものだ。われわれが不安でいっぱいなのは、自分をコントロールできないことがもはや否定できない厳然たる事実だからだ[1]」

このようなつらい時期に、成長だの意味だの目的だのを無理やり見つけようとすると、現在経験していることがもっとつらくなるかもしれない。すでに傷つき、不安にさいなまれ、悲嘆に暮れているのに、現在の経験から価値あるものを見出せない自分を批判しかねない。

圧倒されそうなほど悲惨な状況にあっても、それを2通りに解釈してしまうだろう。今がとにかくつらくてしかたがないことと、自己啓発書で提案されていることすらできないことだ。

わたしが思うに、この種の提案で最悪なのは感謝の念だろう。わかりやすい例なのでその理由を説明しよう。

言うまでもなく、感謝の念を覚えることは、ほとんどの状況では有益だ。そのことは多くの科学的な研究によって裏づけられている。

とはいえ、解雇された直後や、ひどいうつ病で苦しんでいる時、子どもかパートナーを亡くしたばかりで悲しみに沈んでいる時に、感謝していることを無理やり3つ書き出しても、何の意味があるだろうか。ふさぎ込んでいる人や悲しみの淵にいる人に「今あなたが感謝していることを、すべて思い起こしてみてはどうですか？」と聞くなんて、これ以上の愚問はほとんど思いつかない。

これはジレンマだ。成長、意味、目的、感謝といったものは確かに有益で、積極的に深く考える価値はある。だが、こうした考えをすべて手放すほうが救われる時もある。こうした資質を実らせようと努力すると、それが裏目に出てかえって障害になる時だ。それぞれの背景に基づいた常識で考えるほうがうまくいくだろう。

先日、セラピストのブルックに「わたしに意味や成長を見出すことをやめてもいいと言ってくれたセッションのことを覚えているかい」と尋ねた。「もし覚えているのなら、なぜあの助言をくれたのか？」とも。

「あの瞬間にああ言ったのは、つらい経験から意味を見つけようとする人をサポートした経験があるから、でもあるわね（無駄に終わった時もあったけど）」と彼女は言い、こう続けた。

「そういうのが救いになる時もあれば、ならない時もある――特にそう自分に課す場合や無理やりやろうとする場合はうまくいかない。意味を見つけて成長に気づく過程はもっと長い時間がかかるものなのかもしれない。予想できないほど長い時間をかけて実を結ぶのかも」

「秩序→無秩序→秩序の再構築」のサイクルを経て、すぐさま著しく成長して有意義だったと実感できる時もあるだろう。でも、だからと言って、人生でいかなる波瀾万丈が待ち受けていようとも、常に成長しなければならないなどと思い込んではいけない。

圧倒されるほどの困難な変化を経験したものの、何らかの収穫もはっきりとした価値もすぐには得られず、ただ黙って安定した状態へと戻るのを待つことが秩序の再構築の過程という場合もあるだろう。いつか、そうした出来事から意味や成長を見出す時が来るだろう。だが当面の間は、耐えて自分にやさしくすることが最善にして、唯一できることだったりする。

強引に意味や成長を見出す必要はない

病気やけがから身を守るために身体が免疫システムを発達させるように、心も同じ機能を発達させる——おまけにこの2つは同じような働きをする。

まずは身体と生物学的免疫システムについて簡単に検証しよう。ちょっとした傷や軽い病はすぐに治癒する。だが大きなけがや深刻な病は、治癒するまでに時間がかかる。免疫システムにとって未知な症状の場合は特に。

生物学的な免疫系を欺くことはできない。何を思い、何を言い、どんな行動をしようとも、免疫システムを騙して、深い切り傷を紙で切れただけの小さな傷だとか、新型コロナウイルスをただの風邪だと思わせることはできない。わたしたちの免疫システムは、数千年にわたる進化の過程で何度も微調整されてできた驚異的なシステムなのだ。

その主な役割は、わたしたちの生命を維持し、元気に回復させ、予期せぬ生物学的な破壊が起きても前に進めるよう後押しすることだ。そんなわけで、免疫システムはできるだけ速く、効率的に働くが、適切に対応するために長い時間を要する時もある。

同じことは人間の〝**心理的免疫システム**〟——ハーバード大学の行動科学者ダニエル・ギルバートが最初に命名した——にも言える。心理的免疫システムは、さまざまな出来事をフィルターにかけて、わたしたちが自分の人生を理解するのを助けてくれる。

「世界をありのままに経験しなければならないとしたら、ふさぎこんで毎朝ベッドから出られなくなるだろうが、世界をすべて自分の望む通りに経験するとしたら、惑わされてスリッパも見つけられないだろう」とギルバートは書いている。

人生が思い通りにならない時、心理的免疫システムはわたしたちがそれに対処し、痛みから回復し、前進するのを助けてくれる。たいていの場合、そうした目的を果たすために、つらい経験から意味や成長を構築しようとする。生物学的免疫システムの働きと同じように、深刻で経験したことのないほどの挫折を経験した時よりも、よくある小さな挫折のほうが早く意味を見つけたり成長したりするものだ。

持ち込んだ原稿が初めて出版社に断られた時、わたしは大きな挫折感を味わったものだ。今同じことが起きたら、うろたえたとしても2分で回復して、あとは淡々と一日を過ごすだろう。できればその却下された経験から一つか2つほど学びたいところだが。

喪失、病気、アイデンティティの危機など、とりわけ初めての衝撃的な変化に見舞われた時は、心理的免疫システムはすぐには機能しない。確固とした態度で対応するために必要なリソースを集めるのに時間がかかるからだ。そのような状況では、性急に前向きな展望を持とうとしたり、強引に意味や目的や成長を見出そうとしたりしても気分が落ち込むだけだ。

「事実を料理しようとする意図はあまりに見え透いているため、きまりの悪い思いをすることになる」とギルバートは記している。[2]

どんなに試しても生物学的免疫システムを騙せないのと同様に、心理的免疫システムを妄想で騙すことはできないだろう。意味や成長は、それぞれの予定で現れる。

だからと言って、そうした望ましい結果を導くための特定の戦略がないわけではない。そうした戦略はあるし、それについてはあとで説明したい。ブルックが賢明なアドバイスをくれたように、自分に無理強いしてはいけない。無理にやろうとしても逆効果だ。

困難な時期ほど長く感じられるのはなぜか？

わたしが「強迫性障害のまっただ中」にいたのは8か月間ほどだろうか。強迫性障害に悩まされない日を2日以上続けるのは難しく、2時間続けるのが難しい時もしばしばだった。人生のなかで、あの時期だけはまるで永遠に続くかのように思えた。

あれから6年以上経った今、当時を振り返ると、そんなに長い期間ではなかったような気がする。どちらかというととても短い期間だったように思う。

わたしが経験したことは珍しいことではない。だが、困難な状況にいた頃のことを時間を置いてから思い出すと、あっという間に過ぎたかのように感じるのだ。

研究によると、困難な状況にある時は、時間がゆっくり過ぎるように感じるという。

このように時間の感覚がゆがむのは、不安定な暗い時期には、憂うつな思考や感覚が密度を増して一分一秒を占める傾向があるからだ。その経験は「フロー」とか「ピーク」の状態の時とは正反対のものだ。フローの状態になると、人はゾーンに入って余計なことを考えなくなり、時間があっという間に過ぎるように感じる。同じ映画を一コマ一コマ見るのと、コマを連続して見るのとでは違って見えるのと同じだ。とりわけ苦しい時期には、濃縮された経験をゆっくりと復元しながら一コマ一コマを経験しようとする。だが丹念に経験したからといって、成果や有意義な結論を導き出せるわけではない。

とはいえ、時間が経過してから困難な時期のことを振り返ると、当時の背景と結びついた圧縮された出来事として考察できるようになる。そんなわけで、そうした時期は恐ろしいほど長くは感じられないし、容易に一貫性と意味のあるエピソードにできる。[3]

これは心理的免疫システムが、苦難の時期を正確に思い出せないようわたしたちを守っているからだ。正確に思い出してしまうと、未来に向けて前進するのが苦しくなるだろうから。

極端な例が、心的外傷後ストレス障害（ＰＴＳＤ）だ。この精神障害は、心理的免疫システムの機能不全と考えることもできる。

通常ならば、神経系がつらい経験を処理して心的外傷を大きなストーリーの中に組み込んで、苦痛を和らげてくれる。ところがＰＴＳＤに苦しむ人々の場合、神経系によって恐ろしい経験を細部まで鮮明な形で何度も追体験させられるのだ。一般的な症状として、フラッシュバック、悪夢、極度の不安だけでなく、心的外傷を引き起こした出来事を何度も考え続けてしまうこともある。そのため、科学的根拠に基づいたＰＴＳＤ患者向けのセラピーでは、心的外傷を受けた出来事を、患者の中のさまざまな思い出の中やその他の人生経験の中に組み込もうとする。[4]

回復が非常に難しいのは、ＰＴＳＤを経験した人の神経系が過覚醒状態から抜け出せなくなるためだ――このことについてはこれから詳しく説明するが、過覚醒状態になると、時間の流れが遅く感じられるうえに不安感につきまとわれやすくなる。

ベイラー大学で神経科学を研究するデイヴィッド・イーグルマン教授は、時間の感覚に関する世界有数の専門家だ。**〝脳の時間〟**は時計の時間とは違うと考えた彼は、すぐれた実験によって、時計の時間は客観的だが、脳の時間はそうではないことを実証した。

非常に興味深い実験をおこなうために、イーグルマンは被験者たちをテキサス州ダラスにある〈ゼロ・グラビティ・スリル・アミューズメント・パーク〉に連れて行った。新型コロナウイルスのパンデミック中は閉鎖されていたが、このアミューズメント・パークには世界でもっとも怖い乗り物があった――その名も「Suspended Catch Air Device（宙吊り人間空中捕獲装置）」、略してＳＣＡＤだ。

乗客は背を下に顔を空に向け、地上と水平の姿勢になって１５０メートル上空まで吊り上げられたあと、そこから垂直に自由落下して、下に広げてあるやわらかい網に受け止められるという仕掛けだ。ＳＣＡＤで落下した被験者たちは全員、このアトラクションの怖さを10段階のうちの10と評価した。彼らが地上に戻るや否や、イーグルマンは彼らに自由落下は何秒ぐらい続いたかと尋ねた。平均すると、被験者たちが報告した秒数は実時間よりも36％長かった。

ところが被験者たちに他の人たちがＳＣＡＤをやるところを見せたあとに、落下時間は何秒ぐらいだったかと尋ねると、彼らの回答は驚くほど正確だったという。[5]

つまり参加者は、過覚醒で不安な状態の時――落下中とその直後――だけ時間が遅くなったように感じたのだ。

イーグルマンの実験からも、特に混乱に満ちた困難な期間中には、すべてがゆっくり進行するように感じられる理由がわかる。ＳＣＡＤで落下した時ほど強烈な経験でなくても、大きな変化が起きると、人は警戒して過覚醒状態になる。そのような状態に陥った時には、それに気づき、忍耐強く自分に接することがかぎとなる。

法廷弁護士は最終弁論を念入りに書いて推敲を重ねるが、それには理由がある。最終弁論は、陪審員が最終判断を下す前に聞く最後の弁論だ。つまり、最終弁論は判決に重大なインパクトを与えるということだ。

「直近バイアス」とは、人間が出来事を解釈する時には、最後に起きたことが重要な要素になることだ[6]。

直近の出来事が心に多大な影響を与えると仮定すると、今感じていることは、未来でも同じだと予測しがちだ。しかしその予測はほぼ当たらないだろう。なぜなら心理的免疫システムの作用を考慮していないからだ。

時間が経つにつれて、客観的な刺激——今起きていることや、その出来事に関する思考や感情——がフィルターにかけられて主観的な記憶に形づくられ、個人的なストーリーに織り込まれていく。こうしたストーリーには、ほぼ毎回成長の要素や意味が含まれているものだ。人生でもっとも深刻な試練や苦難に何の意味もなければ、生きるのが苦しすぎて、人はみな虚無主義者になってしまうだろう。

脳の時間、直近バイアス、心理的免疫システムの機能を組み合わせると次のようになる。

過覚醒や激しい負の感情――憂うつ、不安、喪失、悲嘆など――を引き起こすような大きな変化は、まったく無意味で、永遠に続くように思えるかもしれない。特にそのような経験をしている最中と、その直後には。

だが、数日、数か月、場合によっては数年も経ってから振り返ると、そのような経験にいくらかの意味と成長を見出せるようになる。一般的に、困難な変化であればあるほど、より多くの時間と距離が必要になる。

かくして、たとえあなたがやっかいな状況から抜け出せず、未来が絶望的に思えても、それが現実になることはめったにないと言い聞かせてほしい。感覚も今後何が起きるかを正確に予測する力も、ゆがめられてしまうからだ。

ハーバード大学とバージニア大学の研究者たち（ギルバートを含む）は、一連の研究の中で、困難な状況に見舞われている人たちに将来その状況をどう感じるかを予測してもらうことにした。[7]

離婚、解雇、親との死別などの重い試練に直面している被験者たちに、数か月後および数年後の自分たちの人生の満足度、幸福度、ウェルビーイングがどうなっているかを予測してもらったのだ。

彼らの結論は――「わたしたちが調査した限りでは、人間が未来を想像して、つらい出来事に耐える状況が将来どのように変化するかを予測する能力には限界がある……人はしばしばそのような出来事に対する感情の激しさとその感情が影響する期間を過大評価してしまう。つまりインパクトバイアスが起きるのだ」

さらに研究者たちは、人間は「自分に起きた出来事の意味を理解して心が回復するまでに、あとどれぐらいかかるかを予測できなかった。とりわけ、ネガティブな出来事に対する反応がどうなるかを予測する時にその傾向が見られた」とも書いている。[8]

真剣に付き合っていた恋人から捨てられたり、解雇されたりしたことがある人は、そのことを身をもって知っているだろう。最初の数日、数週間、あるいは数か月は耐えがたいほど苦しい。でも10年も経てば、ほとんどの人は恋人との破局や解雇を、あれで良かったんだとか、それほどひどくもなかったなどと自分に言い聞かせられる。

紀元前４００年に書かれた『老子道徳経』の中で、老子は「あなたは泥水の中の泥が下に落ちて水が澄むまで、じっと待っていられますか？」と尋ねる。どんな闇の中にいようとも、かろうじてでもしがみついてほしい重要な一縷《いちる》の望みがある。たとえ今は永遠のように感じられようとも、未来の景色は違うだろうということだ。この知恵があなたに立ち向かう力を与えてくれるのなら、何ものにも代えがたいほどの価値があるということだ。

「時がすべての傷を癒やしてくれる」というおなじみの格言には真実がある。だが、たいていの場合は時間だけではない。その状況をどうするかにもよる。何もしない場合と、時期尚早にして意味や成長を見出そうとする場合とでは、大きな差がある。

苦しみから目的へ

わたしが初めてジェイ・アッシュマンと会ったのは、彼がわたしの前書『地に足をつけるまで』を読んだことがきっかけだった。

彼は電子メールをくれて、この本の中で共感した部分について感想を教えてくれた。さらにそのメッセージの中で「つらい時期を経験した」と書いていた。わたしは彼に宛てた返信で、時間を割いて本を読み、連絡をくれたことに感謝した。

数週間後、ジェイは自身の悩み、特にアイデンティティに関する悩みについて長いメッセージをくれた。またしても彼は「つらい時期を経験した」とあいまいに書いていたが、今回は「ある一団に所属していた」というひと言もあった。当時のわたしはこの本を書くために積極的にリサーチと取材をおこなっていたこともあり、ジェイのことをもっと知りたくて、彼に詳しく話してもらえないかと聞いてみようと思った。

インターネットでジェイを調べたところ、かなりのワルに見えた。ハルクのように筋肉がムキムキしていて、全身にタトゥーを入れ、鼻にリングをつけていた……と言えば、だいたい想像がつくだろう。さらにミズーリ州カンザスシティでジムを経営していて、繁盛していることもわかった。わたしが集めた情報では、彼のジムでは筋トレに対して繊細で特別なアプローチを取っているようだ。当然ながら、この情報にわたしの好奇心はかき立てられた。

ジェイに電子メールを送って、ちょっと話さないかと誘った。彼はすぐにＯＫと返信をくれた。

会話を始めて数分後、わたしは彼の過去の話、特に暗黒の時期のことや一団に関わった経緯について尋ねた。彼の返事はあいまいなものだった。そこでわたしは、話したくないことを無理にしゃべらせるつもりは毛頭ないこと、だがもし彼がしゃべりたくなったら、わたしは絶対に批判せずに、話をありのまま聞くと請け合った。

彼はちょっと間をおいたあと、アメリカのネオナチ運動に関わり、全国的にも知られたリーダーだったと打ち明けた。

「ああ、だからあんなあいまいに書いたり、話したりしていたんだな」とわたしは納得した。そしてすぐに頭の中で情報を整理して深呼吸すると、彼にこう伝えた。

「ジェイ、きみのことはよく知らないけど、前よりもリスペクトしているよ。その一団から抜け出したんだから、きみは外見と同じぐらい内面も強いに違いない」

「自分じゃよくわからないけど、それはさておき、続きを話すよ」と彼は言った。

ジェイはペンシルベニア州のレディングで育ったという。現場労働者の町で、他の似たような町と同様に、アメリカの製造業が海外移転したために不況にあえいでいた。子どもの頃に聴覚に問題があったため補聴器をつけなければならず、そのせいで他の子たちから執拗ないじめに遭った。

ジェイが15歳の時に父親ががんで他界した。「文字どおり、おれの腕の中で亡くなったんだ」とジェイはわたしに言った。

彼は憂うつと怒りの悪循環に陥り、怒りの感情を持て余すほどだった。幸いにも、彼はそうした激情をアメリカンフットボールに注ぎ、卓越したプレーで活躍し、のちにリーハイ大学でもプレーした。

だが、大学を卒業した途端に、「自分が何者なのかわからなくなった。どこにも属していない気がした。スポーツおたくの連中はどのみち好きじゃなかったし。不安でいらいらした。心に傷と怒りを秘めた若い白人男たちと同じことをやった。ネオナチの一団に入ったんだ」。1996年、彼が22歳の時のことだ。

ジェイは活発でカリスマ性のある男だ。大柄な身体と、それ以上に大きい人格を備えている。当然のことながら、彼はネオナチ運動で活躍し、めざましい速さで昇格した。
とはいえ、彼はいつも認知的不協和〔背反する認識などによる心理的な葛藤〕を感じていたという。

「一団から黒人とユダヤ人を憎めと教わった——そしてそれを態度で示せって。でも、おれには黒人の友だちがいたし、ラップもよく聴いた。ユダヤ人のことはよく知らなかったし、個別のユダヤ人についてすら意見が言えるほどでもないのに、民族全体を批判するなんて無理だ」

一団の中での地位、他のネオナチメンバーとの関係や仲間意識は気に入っていたが、自分の中ではいつも小さな声が「しっかりしろ。本当にこれがおまえのやりたかったことなのか？　おまえは本当にこんな人間なのか？」とささやくのも感じていた。

白人至上主義者になって6年ほど経ったところで、ジェイがバーで飲んでいると、黒人男性が隣の席に座った。

「おれはネオナチのTシャツを着ていた。どこへ行くにもそのTシャツを着ていた。お守りみたいなもんだった」

「Tシャツのその柄は何だい？」と男が尋ねた。

「おれは率直に言ったんだ。これはネオナチのシンボルマークだって」

男は頷き、それから二人で話し始め、いろんな話題について議論した。一時間以上経過したあと、男が立ち上がってジェイの目をじっと見て言った。

「きみはそのTシャツよりもいい人間だ。自分が思っている以上にいい人間さ」

その頃にはジェイの認知的不協和は沸騰せんばかりに高まっていた。「数多くの暴力を目撃したし、自分でもやった。おれはそんな人間じゃない」と彼は言った。

その晩、ジェイはネオナチTシャツを全部捨てて、〈ストームフロント〉——白人至上主義者が集まる人気のインターネットフォーラム——を退会した。「あの人がおれを救ってくれたんだ」とジェイは言った。

「彼の強さ、やさしさ、勇気そして思いやりにこれからもずっと感謝し続けるだろう」

その後、当時28歳だったジェイはニューヨーク市へ引っ越した。理由はただ一つ、ニューヨーク市なら人混みにまぎれて姿を消せるからだ。

電気技師の仕事に就き、副業としてパーソナルトレーニングを始めた。ネオナチ運動で彼を昇格させたのと同じ、都会で生き抜く知恵、実際的な知識、エネルギー、そしてカリスマ性によって、彼はすぐれたトレーナーになった。そしてその後10年間トレーナーとして活躍し続けることになった。

「外見はうまくいっているように見えただろうね。身体の調子は最高にいいし、一流のアスリートに指導してお金を稼いでいた。でも内面では、相変わらず自分という人間がわからなかった。みじめなままだったんだ」と彼は言った。

「頭の中につらい記憶を抱えたままどうやって前に進めばいいのか？　今の自分がかつての自分とは別人だというなら、今の自分は何者なのか？」――ジェイはこうした問いの答えを探し続けた。

八方塞がりだと感じながらも、誠意を持って人生と向き合い続けた。セラピーに申し込んだ。男性の自助グループにも加わった。忙しく過ごした。瞑想を始め、かつてはインチキくさいと思っていたスピリチュアルなものにも心を開くようになった。クライアントと自身のトレーニングにも全力を注いだ。

「気分は良くなかったけど、一日一日と懸命に向き合い続けた」と彼は当時を回想して言った。

ネオナチ運動から抜けて10年以上が過ぎた2014年、ジェイの前にようやく光明が差し込んだ。

「心身共に最高だと感じられる日が何日か続いたんだ。特別なことだった」

彼はカンザスシティに引っ越してジムを開き、新しい友人たちと付き合い始めた。

2016年、アメリカの主要な政党の一つが極右運動に乗っ取られた。彼がよく知る運動だ。

「選挙運動中に、彼らが『アメリカ・ファースト』というスローガンを叫ぶのが聞こえた。その言葉の意味をおれはよく知っている。かつておれが何度もほざいた戯言《たわごと》だからね」と彼はわたしに言った。

ジェイは、裾野の広い政治文化の中に白人至上主義が侵入しないよう、この運動の勢いを削がなければならないと感じた。そして過去の体験を人々に打ち明け、政治運動にも参加するようになった。

わたしたちが会話を交わしたのは２０２２年、ジェイがネオナチ一団から脱退して約20年が経過していた。彼はうまくやっていた。

「おれが今、人に何かを教えられたら、憎しみの蔓延を食い止めるためにちょっとは役立つかもしれない。それがおれの癒やしのかぎになるんじゃないかとも思う。あの苦しみの中に、ようやく意味を見出せるようになったんだ」と彼はわたしに言った。

研究結果によると、心的外傷を負った人にもっともよく見られる特徴は**立ち直る力**《レジリエンス》と成長だという。[9] といっても心的外傷を経験したあとの苦痛や苦しみを否定するつもりも、ＰＴＳＤの恐ろしさを過小評価するつもりもない。ほとんどの人は、暗いどん底に沈んでも、回復して意味を見つけるという事実があるということだ。

２０１０年、ウィスコンシン医科大学の研究者たちは、外傷から回復した３３０人の患者たちを長期にわたって観察した。対象者の多くはレベル１の外傷センターで手術を受けていた。

その結果、外傷を負う出来事が起きてからほんの６か月で、対象者の大多数がいわゆる〝回復軌道〟と呼ばれる過程にあることがわかった――つまり、彼らはひどい出来事から回復して意味を見出そうとする段階にあったということだ。

「これほど多くの対象者が（社会心理的な苦痛の）症状の重症度をこんなに低く評価するとは。実に驚くべきことだ」と研究者たちは述べている。

多くの対象者はＰＴＳＤの症状が徐々に悪化して３か月後にピークに達したが、そこからようやく症状が落ちつき始めたという。興味深いことではあるが、心理的免疫システムの働きを知っていれば驚くことではない[10]。

万人に共通する意味づけや成長のプロセスは存在しない。外傷と心的外傷は絡み合うものの、それぞれは別のものだ。慢性ストレスは、急性ストレスとは異なる。暴行で負った傷は、事故で負った傷とは異なる。解雇されたあとに将来の意味や成長を見出すほうが、レイプ被害者の回復より容易だ――恐怖体験の中にはまったく理不尽なものもある。

とはいえ、さまざまな文献にあたると共通のテーマが見つかる。[11] 大多数の人々が、苦難の中から意味を見つけ、成長するということだ。変化が人生に及ぼす影響が大きければ大きいほど、その経験が実を結ぶまでにかかる時間は長くなる。

本章のここまででわたしが試みたことは、すべてのものには常に意味がなければならないという思い込みを取り払うことだ。そのような思い込みは明らかに間違っている。ぶれない柔軟性を身につけることは、すべての物事に意味を見出す必要はないことや、心理的免疫システムがきちんと機能するまで時間が必要であることを受け入れることだ。心理的免疫システムは数日で機能することもあれば、数週間、数か月、数年かかることもある。

次のセクションでは、困難な時期を克服するための、きわめて重要でエビデンスに基づいた、いくつかの戦術について説明する。自然な流れの中で意味や成長を見出す助けになるだろう。どの戦術も多種多様な変化に応用できるし、短期的に頭の中を整理するのにも、長期的に考えをまとめるのにも役立つだろう。

あきらめることで進むべき道が見えてくる

精神分析医のジェイムズ・ホリスは、困難で急激な変化に対処するのにこれほど骨が折れるのは、「自分をコントロールできないことがもはや否定できない厳然たる事実だからだ」と記している。これまでの戦略のどれ一つとして効かない時が来たのだ。

たとえ心を開いて、起きていることを受け入れ、困難な道のりになることを予期し、自分を流動的な存在と捉え、主体的に対応したとしても、人は常に何をすべきかを知っているわけではない。

そんな時の最善策は、降伏することだったりする。と言っても、人生をあきらめることでも、希望を捨てることでもない。修復しようとか、問題を解決しようとか、コントロールしようとか、場合によっては自分の悲惨な状況を理解しようと試みるのを、あきらめることだ。

降伏ほど謙虚な行動はない。自我を抑えるには降伏するのが一番効果的だ。

降伏というと、あきらめのように感じられるかもしれないが、**長い目で見ると、降伏することは人間にできるもっとも生産的な行動の一つだ。**

わたし自身が強迫性障害を患った際も、コントロールできると思っていたものを手放し、意味づけや個人的な成長を望まなくなってようやく、本当の意味で前に進み始めた。わたしの中の一部は、自分なら何とかできるはずだとか、この経験を基に何かを形づくれるはずだと思い込んでいた。そうしたわたしの一部が、わたしを抑えつけ、強迫性障害からの回復だけでなく、人生のあらゆる可能性を妨げてきたのだ（神経科学者はこの「一部」をわたしの脳の後帯状皮質に関係するものだというだろう。このことについて少し説明しよう）。

スタンフォード大学の教授で精神科医のアンナ・レンブケによると、人は途方に暮れたり、打ちひしがれたりすると、〝**根本からの精神的な方向転換**〟をする準備が整うという[12]。これは彼女が命名したもので、要するに「自分以外の何かに『自分の進む道』をゆだねる瞬間のことだ。それはいろんな形で現れる。重要なかぎは、自分にはコントロールできないことを認めること、導いてほしいとか助けてほしいと宇宙にお願いすることだ。そうやって方向転換するだけで意志決定が一変し、今後の生き方をがらりと変えてしまう」。

レンブケは、重度の物質使用障害や行動嗜癖《しへき》に悩む患者の治療にあたる、真摯な科学者だ。その彼女によれば、患者がこの根本からの精神的な方向転換をした時、すなわちあきらめて自分よりも大きい何かに救いを求めざるを得なくなった時、ようやく進むべき道が見えてくるのだという。

「精神的な方向転換が起きると、すべてががらりと一変しますよ、もうびっくりするぐらいに」と彼女はリッチ・ロールのポッドキャスト番組で語り、次のように続けた。

「そしてすばらしいことに、それからたくさん良いことが起きるんです」

降伏するという話を聞いて、高次元の力や神を連想する人が多いかもしれない。

実際、アルコホーリクス・アノニマス〔アルコール依存から抜け出すための自助グループ〕では伝統的にアルコール依存症者たちに酒に降伏するよう伝えている。その考え方があなたやあなたの信念体系に合うなら、それで構わない。しっくりこない場合は、「高次元の力」とか「神」の代わりに「宇宙」とか「外界の力」と表現してもいいだろう。

この種の降伏が非常に効果的なのにはいくつかの理由があるが、その一つは後帯状皮質（PCC）と呼ばれる脳の一部が不活発になるからだ。

後帯状皮質とは、過去の自分の言動と照らし合わせて考える脳の領域だ。後帯状皮質の活動が活発になればなるほど、自分の経験にとらわれ、自分のやり方を通そうとする。

「自分の状況や人生をコントロールしようとすればするほど、こうしたいと望む結果を求めて懸命に努力するようになる」と神経科学者ジャドソン・ブルワーは書いている。[13]

「これに対し、リラックスして、人生とダンスをするような態度がとれれば、状況の展開に合わせて、ただそれと共にあることができる。そこには努力も苦闘もない。自分で自分の邪魔をするのをやめ（られ）る」

降伏すること――および降伏することで生まれる謙虚さ――で、コントロールしようとするのをやめるだけでなく、混沌とした状況で無理やり成長と意味を見つけようと無駄に努力することもなくなる。降伏すると、人々に支援を求め、支援を受け入れやすくなるだろう。

支援を求め、支援を受け入れる

神経科学者のピーター・スターリングは、アロスタシスを研究する過程で、人が急激な変化に直面すると、体内のさまざまなシステムが3段階のプロセスを経ることを発見した。

はじめに、システムは「通常の動的範囲」内で変化を吸収し、適応しようとする。それがうまくいかない場合は、リソースを「借りて」適応しようとする。もしひどい混乱が続くようなら、「ニューノーマル」を予想して、少しずつキャパシティを広げていく。言い換えると、リソースを借りて無秩序から秩序の再構築への足がかりを作り、新しい安定へとたどり着くのだ。

この現象をわたしたちの人生における試練に当てはめるならば、心理的免疫システムがキャパシティを広げる間は、支援を求め、支援を受けたほうがいいということだ。前述したジェイ・アッシュマンも不幸のどん底に落ちて途方に暮れていた時、セラピストの支援を求めたり、男性の自助グループに入ったりしたではないか。

一般的な書物に書かれていることと違って、レジリエンスは内的な問題にとどまらない。セルフヘルプでは不十分な場合が多いのだ。

研究結果によると、人に支援を求めたり、支援を受けたりするようになることは、回復の途上にある予兆の一つなのだという。[14]

前書『地に足をつけるまで』にも書いたが、地上61メートルの高さにそびえ、幹の太さが直径3メートル超の巨大なセコイアの根は、わずか2〜3・6メートルほどの深さしかない。セコイアの根は地中深くに伸びる代わりに、何十メートルにもわたって横へ横へと広がり、周囲の樹木の根を覆うようにして絡まる。悪天候にさらされても、密接に絡み合うセコイアの根の広いネットワークのおかげで、単独でたくましく立っていられる。人間も同じだ。

ノラ・マキナニーはわずか一年の間に、2度の流産を経験し、父親と夫をがんで失った。想像を絶するような苦しみを経て、社会での悲嘆や悲嘆に暮れる人々の扱いには多くの欠陥があることに気づいた。

愛する人との死別は、誰にとってもそれだけで最悪の経験となるだろうが、社会的規範のせいでさらに孤独感が増すことになる。死別を経験した大多数の人々がきまりの悪さ、屈辱、非現実的な期待、孤独を経験する。マキナニーはこうした悲嘆につきものの重荷と闘いたかった。

彼女はこのテーマについて本を書き、ウェブサイトで情報を共有するかたわらで、ポッドキャスト番組「耐えられないよ。聞いてくれてありがとう」を配信し始めた。過酷な喪失や悲嘆を耐え忍んだ人たちに、それぞれの体験談を語ってもらうのだ。この番組は、同じような苦しみを耐える世界中の人たちのコミュニティとなっている。

「死別の悲しみは、恋したり、子どもを産んだり、『THE WIRE／ザ・ワイヤー』というテレビドラマを見たりするのと同じで、実際に経験して実感するまで理解できないものなのです」

2018年、TEDトークに登場したマキナニーはこのテーマについて話し、その動画再生回数は600万回を超えた。さらに彼女はこの道を一人で歩く必要はないと訴えた。

彼女のあらゆる活動の原動力となった信念だ。

マキナニーの言葉を聞いて、わたしの中にあったうつ病のイメージを思い出した。うつ病になるとは、川の片方の岸にいるようなものだ。向こう岸とまったく同じ風景が広がっているのに、感覚がまったく異なる。向こう岸にいる人たちは、「元気を出せよ」、「きっと良くなるよ」、「心配はいらないさ、誰だって落ち込む時はあるんだから」という。だが、どの言葉もまったく助けにならない。助けになるのは、こちら側の岸にいた経験を持つ人が、向こう岸から川を飛び越えて自分のそばまで来てくれることだ。

「一体どういうことだ？　何でわざわざこっち側に来て寄り添おうとするんだ？」とあなたは思うかもしれない。すると彼らはこう言うだろう。

「ここに来たのは、わたしも以前にこの荒波の中にいたことがあり、どんなにひどい状況か知っているからだ」

彼らは進んであなたの手を取り、可能であれば、あなたが川を渡れるよう手助けしてくれるだろう。

突然の死別、世界情勢、陸上競技大会や大事なプレゼンでしくじった――あなたが打ちひしがれている理由が何であれ、支援を求め、そして支援を受け入れられれば、新たな力が湧いてくるだろう。自分の感情を実感しながらも、たとえ今は不可能に思えても、踏ん張り続ければきっと前進できるようになると信じ続けられるようになる。

困難を共有すること以上に、人の絆を強くするものはないだろう。人類が集団で生活するよう進化した主な理由は、独力で生きていくのがほぼ不可能だからだ。痛みや苦しみは決して簡単にやり過ごせるものではないが、みんなで共有すればつらさが少しは軽くなる。

ボランタリー・シンプリシティ――人生をシンプルにする

著名な科学雑誌『ネイチャー』に掲載された一連の研究の中で、バージニア大学の学際的な研究者ライディ・クロッツとその同僚たちは、幅広いテーマの問題を被験者に提示した。たとえばデザイン計画、レポート、レシピ、旅行計画、建築、小型模型のゴルフコースの欠陥に至るまでさまざまな問題を被験者たちに提示して、改善するために変更を加えてほしいと頼んだ。

その結果、大多数の人たちが何かを削除する（つまり引き算）という選択肢を見落としがちであることがわかった。それどころか、明らかに引き算したほうがいい場合であっても、被験者たちはすぐさま足し算がベストな選択肢だと考えた。[15]

わたしがクロッツにその理由について尋ねたところ、彼は「われわれの文化では、もっと持とう、もっとやろう、もっと大物になろう、という考え方が優勢だから、人々は『もっと』がいつも正解なのだと思いがちなんだ。実際はそうじゃないのに」と教えてくれた。

クロッツの研究を読んでいて、瞑想の研究者ジョン・カバット＝ジンが**「ボランタリー・シンプリシティ（自発的簡素）」**と名づけた生き方を思い出した。**雑然としたもの——物理的なものも、心理的なものも、社会的なものも——を意図的に人生から追い出して、人生をシンプルにする生き方**のことだ。

日々のストレスの多くは、やるべきことや管理すべきことが多すぎるせいで生じるということに気づかない人が多い。しかもその多くは価値もなければ、必要不可欠なものですらない。

とりわけ世界が大きくて混沌としていて圧倒されそうだと感じた時は、スケールを小さくして、こぢんまりと最小限を心がけよう。と言っても心を閉ざして孤独に閉じこもれということではない。むしろもっとも重要なこと、つまり気持ちが高揚して続けたくなるようなことに注力して、それ以外のものはすべて減らすことだ（最低でも、減らせるものはすべて）。ボランタリー・シンプリシティは、ルーティンと行事を通して実践するのがべストだ。

ルーティンがあると、一日の流れが確実に予測できるし、混乱のさなかでも秩序が保たれているような感覚になる。さらに、自動的に行動するようにもなる。自分を奮い立たせたり、次に何をすべきかを考えたりといった余計なエネルギーを使わなくても、淡々と物事に取りかかることができる。

前章で説明したが、どんなに小さな勝利——一文を書く、ちょっとジョギングする、キルトの1ピースをかぎ針で編む、洗濯するなど——でもドーパミンという神経化学物質が分泌される。この神経化学物質が分泌されると、何であろうともやり続ける意欲が湧き、人生も歩み続けていけるようになる。

研究結果によると、コカインで活性化される脳の領域（線条体）は、何かを達成した時にも活性化されるという[16]。多くの人が苦しみを麻痺させるために仕事に没頭し、時にワーカホリックになるのは、これが原因かもしれない。理想的なやり方ではないかもしれないが、そう断言できる人がいようか？　仕事が有意義な依存対象だと仮定すれば、もっとひどいやり方はたくさんある。

スポーツも苦しみを麻痺させる一例だろう。たとえばウルトラマラソンの選手たちの中には、リハビリ中の選手が大勢いる。何かの依存症からマラソン依存症に切り替えたのかもしれないが、違法薬物を使用するよりも長距離マラソンのほうがはるかに健康的だ。

こうして依存対象を他のものに変える時は、人生の苦難を耐え忍ぶために仕事（またはその他の活動）に没頭するのも役に立つだろう。だが、痛みの緩和剤として仕事に長期的に依存し続けないほうがいい。

簡潔に言うと、何かの活動に全力投球している人は、その活動が助けになっているか、足を引っ張っているのか自問してみよう。最初は助けになっていた活動が、最後に足を引っ張るようになることもある。

ルーティンによく似ているのが行事だ。安定していようが混乱していようが、人々が定期的におこなう特定の活動のことだ。

「（行事は）心の余裕を生み出し、普段ならばかばかしいと思うような考えが浮かぶこともある。過ぎゆく時間の中での静かな畏怖の念。あらゆるものが変わっていく様子。あらゆるものが変わらない様子など」と作家のキャサリン・メイは書いている。[17]

たとえば週に一度の礼拝、月に一度のご近所さんとの夕食会、毎朝キャンドルに火を灯すこと、毎週日曜日の仲間たちとのツーリングなど。ルーティンと同様に、周囲のすべてが激変していようとも、行事は秩序と安定をもたらしてくれる。

さらにボランタリー・シンプリシティを実践するのにも、行事は安定した基盤になる。たとえばわたしは世界で何が起きようとも、毎週金曜日になると犬を連れて森を長時間歩く。そしてその時間と空間においては、人生がシンプルで管理しやすく感じられる。

ピーター・スターリングは、アロスタシスを概説した著書『健康とは何か?』(未邦訳)の中で、彼が〝神聖な活動〟と呼ぶものについて書いている。[18] ちなみにここでの〝神聖〟とは「言いようのないほど美しいものへの敬愛」を意味する――軽い言葉では表現できないもの、たとえば歌、ダンス、運動、祈り、音楽鑑賞といった象徴的な活動のことだ。「こうした活動を作り出して処理する神経回路は、大脳皮質のかなりの領域を占めている。神経系が音楽や芸術や演劇やユーモアにリソースを投入するのは、わたしたちが成功するためにこれらが重要な役割を果たすからだろう」とスターリングは述べている。

わかりやすく説明すると、〝神聖な活動〟が人類の生存に有益でなければ、貴重な神経回路は他の用途に使われるよう進化しただろう、ということだ。だが、実際にはそうなっていない。おそらくそれは大混乱が起きて、物事をコントロールできない事態に陥っても、人間は行事を通して地に足をつけていられるからだろう。

不確実な状況下でも、行事は安定感をもたらしてくれる。そんなわけで、行事は人が粘り強くあるために不可欠なのだ。

真の疲労か、偽の疲労か？

わたしがコーチングしているクライアントに39歳の起業家がいる。ここではメラニーと呼ぼう。

何度も変化の波をくぐり抜けてきたメラニーは、疲労感に悩まされていた――深刻なものではなく、よくある疲労感、彼女の言葉を借りるなら「頭にキレがなく、思うように活力が湧かない」状態とのことだった。

わたしの頭に最初に思い浮かんだのはシンプルな解決策だった。休息することだ。だが、彼女は1か月以上休息を取っていた。仕事も個人的な負担も減らしたのに、身体のだるさが取れなかった。

メラニーのケースは珍しいものではない。わたしは2種類の疲労があると考えるようになった。身心ともに疲労困憊している状態（〝**真の疲労**〟）と、マンネリに嫌気がさして、身心のシステムによってさも疲労感があるかのように騙される状態（〝**偽の疲労**〟）だ。

それぞれの疲労感を取り除く方法はまったく異なるため、この2つを区別することが重要だ。

〝真の疲労〟の場合は、活動を中止して休まなければならない。〝偽の疲労〟の場合は、疲労感を深刻に受け止める必要はなく、むしろその状況から抜け出さなければならない。行動するよう自分を促し、やると決めたことを全力でやり、計画通りに物事を実行していくことだ。

主に身体だけに対処するのであれば、〝真の疲労〟と〝偽の疲労〟を見分けるのはずっと簡単だ。身体の反応は客観的にわかるからだ――筋肉に痛みを覚えたり、心拍数が上がったり、歩いたり走ったりする速度が落ちたりする。

ところが、より一般的な心理的な疲労の場合、明確な基準が少ない。つまり自分で感じ取って、適切に対応しなければならないのだ。対応策は、ベッドかソファでのんびりすることかもしれないし、自分の背中を押して何かに取りかかることかもしれない。

一般的に言うと、〝真の疲労〟を無視して強引に突き進むと、〝偽の疲労〟を無視するよりも代償が大きくなる。あまりに長い間頑張り続け、何度も自分を限界まで追い詰めると燃え尽き症候群になる。

調査によると、燃え尽き症候群から回復するには何か月、深刻な場合は何年もかかるという。おそらく一番の安全策は、疲労感を覚え始めたら、それを〝真の疲労〟として扱うことだ。一、二日休む。たっぷり睡眠を取る。デジタルデバイスの電源をオフにする。可能なら大自然の中で過ごす。問題があれば、日常業務を見直して調整する。これらをすべてやっても不調が続くようなら、自ら行動を起こしてどうなるか試してみる価値はあるだろう。

〝偽の疲労〟は、人生に大きな変化——死別、不運な出来事、転職、異動、退職など——が起きたあとに襲われることが多い。脳は、あなたを騙して一日中ベッドに横たわらせようとするかもしれないが、実際には朝起きて外出し、前章で紹介した行動活性化を試すほうが気分が良くなる場合もある。

もっとも、あなたが感じている倦怠感やだるさは現実ではないという意味ではない——その感覚は本物で、身体が思うように動かなくなることもある。だが、わたしたちが知る限りでは、通常その感覚は自然発生的なもの以外にも原因がある可能性が高い。つまり睡眠不足や生理的なリソース不足といった身体的な問題以外の原因だ。

もし身体的な問題が原因であれば、行動すると状況が悪化するだろう。だが、研究結果から判明したように、行動活性化をおこなうと状況が改善する傾向がある。その人が助けを求めていて、なおかつコミュニティからの後押しがある場合は特にそうだ。

〝偽の疲労〟は大きな混乱のあとだけでなく、小さな混乱のあとにもよく見られる。たとえばわたしの場合、前書のプロモーション活動からこの本の執筆へと切り替える時に、なかなか書き始めることができなかった。大きくもないしやっかいでもない変化だったが、変化には違いない。

毎日、スケジュール通りに書き始めようとするたびに、身体が重く感じられた。それで休んだ。そしてさらに追加で休んだ。そんな状態が3週間続いたあと、わたしは薬を飲んで、やる気のあるなしに関係なく強引に取りかかることにした（正直、やる気はなかった）。その3日後には筆がどんどん進むようになり、その状態が1か月以上続いた。

あのあと休息を続けたとしても、休息の深みにはまっただけだっただろう。あの状態から何としてでも抜け出さなければならなかった。

ただし、ここにはもう一つ繊細な問題がある。しかも重要な問題だ。場合によっては、慢性的な疲労感や不調から抜け出すには、前述の2つの戦略を組み合わせる必要がある。実際に〝真の疲労〟が起きていれば、休息が必要だ。1週間休むと、身心のシステムは回復するかもしれないが、すっかり無気力な状態になっているかもしれない。その時点で行動活性化に切り替えよう。

スポーツでは、通常テーパリング（大きな大会の前に少しずつ練習量を減らして休息を増やすこと）の最後には、高強度のトレーニングを短時間おこなう。そうすると身体が目覚めて、すぐに活動できるようになるのだ。

わたしが思うに、心も同じように働くのではないだろうか。大きな変化を乗り越えたあとは、いつも以上に長い休息期間が必要になってもおかしくない。そして長期の休息は非常に効果的だ――その休息が障害になる日が来るまでは。

ではどうすればいいのか？

最善策は、疲労感の管理を継続的な習慣と捉えて実践することだろう。自分がどう感じているか、それに対して何をするか、その結果どうなったかにしっかり注意を払えば、そのうちに〝本物の疲労〟か〝偽の疲労〟か区別できるようになるだろう。

一番目にしてもっとも重要なステップは、すべての疲労感が同じ状況を意味するわけではないと認識することだ。いつも頑張りすぎて疲れきっている人は、もう少し休息が必要かもしれない。いつも休んでばかりいる人は、「行動すれば気分もついてくる」[*]の精神で、もっと自分の背中を押すほうがメリットがあるかもしれない。どちらもタイミングと状況次第だ。

自分を責めることにエネルギーを浪費しない

わたしがこれまで読んだ本の中で一番のお気に入りは『禅とオートバイ修理技術』（早

川書房）だろう。中年の語り手とその幼い息子クリスが、オートバイで国を横断する旅に出る話だ。

モンタナ州の山間部に到着した時、落石音が聞こえた。クリスがどうして落石が起きるのかと父に尋ねる。

「まあ山崩れの一種かな」と語り手が説明する。

「知らなかったよ」とクリス。

「少しずつ崩れていって、丸く、なだらかになるんだ……山を見ていると、何の変哲もなく、平和そのものに見えるけど、実は絶えず変化し続けているし、常に危険が発生している[19]」

語り手は当時アイデンティティの危機を迎えていたこともあり、山のことだけでなく、自分やあらゆる人間のことを考えながらそう言ったのかもしれない。無傷で人生を終える人はいない。わたしたちの人生を襲う甚大で過酷な変化は、山頂の荒天のようなものだ。荒天によって角張ったところが削り落とされ、人はどんどん穏やかで丸くなっていく。そうして自分にも他人にもやさしくなる。

＊友人のリッチ・ロールが最初に教えてくれた名言。

困難を乗り越えるための従来の知恵は、2つの相反する知恵にわけられる。一つは責任を全うし独力で困難を乗り越えること、もう一つは気楽に構えて自分に無限の愛を注ぐことだ。

この2つは相反すると思われがちだが、実際には互いを補完し合う。ほとんどの状況では、どちらの知恵もある程度必要になる。

ここで再び本書の陰の英雄、非二元論思考が再び登場する。一番いい方法は、強い自己鍛錬と強い**セルフコンパッション（自分への思いやり）**の合わせ技だ。**いつも自分を思いやるようになると、怖いもの知らずになる。自分にやさしくなれれば、いざとなれば自分が自分を支えてくれると確信しながら、困難なところへも行けるようになる。**

言うまでもなく、混乱している時期に何かに全力を尽くすことは容易ではない。しかし、自分への思いやりがあれば少しは楽になるだろう。困難で苦しい時期に自分にやさしくすれば、レジリエンスが強化されてその状況に耐え、持ちこたえ、切り抜けられるだろう。

セルフコンパッションは自動的に身につくものではない。他の重要な資質と同様に、発達させる必要がある。自分にやたら厳しい時は、そのことに気づいてほしい。あなたはどう感じているか？　セルフトークを変えたらどうなるか？

失敗するたびに、たいしたことじゃないから無視しろとか、自分を厳しく批判しろとか言いたいわけではない。自分を責めることにエネルギーを浪費しないでほしいのだ。

同じことばかり考えたり、自己批判の悪循環に陥ったりしたら、「もし友人がこの状況に陥ったら、わたしは何と言うだろうか？」と自問してみよう。自分に助言する時よりも、友人に助言する時のほうがはるかにやさしくて賢明な態度を取るものだ。

マントラを唱えてもいいだろう。心が整うマントラを唱えると、思考の罠から抜け出して現在という瞬間に向き合えるようになる。わたしが自分自身にもコーチングのクライアントに対しても常時使っているマントラは実にシンプルだ――「これが現在起きていることで、わたしは全力を尽くしている」。このマントラの別のメリットは、現実がそうでない場合――つまり全力を尽くしていない場合――そのことに気づいて、もっとうまくやるよう自分の背中を押せることだ。

ダンテが『神曲』で描いたような暗黒の森に足を踏み入れてしまった時、降伏してすべてを委ねようと決心した時、支援を求めてそれを受け入れる時、全力を尽くすどころか最低限の日課をこなすのもやっとという時――できればそうした経験のあとは、同じように苦しんでいる人たちに少しでもやさしく接する人間になりたいものだ。

因果応報というではないか。不調の時期にわたしたちがやさしさと慰めを求めて頼った人たちは、やがて彼らが不調の時になれば、わたしたちを頼りにするだろう。苦しみを、他者との距離を縮めるために利用しようではないか。わたしたちはみな無常と、無常に伴う悩みや苦しみを共有しているのだから、これら使って人間関係のセーフティネットを編もうではないか。いつかそのセーフティネットがみんなを支えてくれる日が来るかもしれない。

「最適化」と「効率」が叫ばれるめまぐるしい時代に、ペースを落として密接な人間関係やコミュニティを育むという必須の作業をしないのは愚かと言えるだろう。厳しい状況になった時、これら以上に重要なものはないのだから。

生徒たちから敬愛を込めて「先生」と呼ばれたティク・ナット・ハンは、「泥がなければ蓮は育たない」と教えたと言われている。

蓮はとても美しい花の一種だ。色は鮮やかで人目を引くほど美しく、花びらがまるで誘うかのように開く。蓮の花がこれほど魅力的なのは、蓮が泥の中で育つからだ。ティク・ナット・ハンは、苦しみは泥のようなものだと説いた[20]。だが、苦しみは、美しく輝く花に変容できる。思いやりだ。

通常、試練のまっただ中にいる時には変容は起こらない。だが何度も何度も何度も精一杯やり続ければ、やがては向こう側へたどり着けるだろう。たどり着く頃には、思いやりのある広い心が育っているだろう。

「秩序→無秩序→秩序の再構築」という意味のあるサイクルを持ちこたえるたびに、少しずつ自分にやさしく親切になり、他人に対してもやさしく親切になれるだろう。苦しんだ末に良い結果が得られるとすれば、それは思いやりの精神だ。

困難は避けられない——しかし経験次第で楽になる

『ジャーナル・オブ・パーソナリティ・アンド・ソーシャル・サイコロジー』誌で、ニューヨーク州立大学バッファロー校の心理学者マーク・シーリーとその同僚たちは、18〜101歳までの大人2000人以上を対象にした複数年におよぶ調査の結果を発表した。[21]

論文によると、極度の苦難を経験した人や苦難をほとんど経験したことがない人よりも、中程度の苦難を経験した人のほうが、それぞれの役割をきちんと果たしていて人生の満足度も高いことがわかった。おまけに、中程度の苦難を経験した人は、今後起きそうな難題にもうまく対応したという。

最終的に、研究者たちはエビデンスに基づいてニーチェのような結論に至った——「適度であれば、われわれを殺さないものはわれわれをいっそう強くする」。

この研究が重要なのは、人間は時間の経過と共に混乱を切り抜けるのがうまくなることを証明しているからだ。と同時に、この研究は、過激な混乱——たとえばレイプ、暴行、殺人、戦争など——は望ましくないことも明らかにした。

どんな種類の苦しみであれ、美化も理想化もしてはいけないとわたしは思う。苦しみなんてくそくらえ、だ。しかし、苦しみは人間の経験の一部でもある。無常の世界で生き、思いやり、愛するうちに必ずや訪れるものだ。喪失感や悲嘆、悲しみは、愛や思いやり、意味、喜びの代償なのだ。柔軟でぶれない態度を身につけるには、これらを受け入れて耐えなければならない。


混乱の時期を経験するたびに、わたしたちはその後同じような経験に見舞われても、もう少しうまく乗り越えられるようになる。再び重大な変化が起きて自分を見失いそうになっても、最初は圧倒されるかもしれないが、心の中に、「無常は万人に平等だ、自分だけではない」ことを知っている自分がいる。そしてそうした経験を経るたびに、その知識が1%ぐらいずつ増えていくだろう。

停滞期は過ぎていくし、あらゆるものと同様に、人は自分の経験からいくらかの意味と成長を手に入れる。時には時間がかかるかもしれないが。

「苦しみと謙虚さは心を大きくする。間違いなく大きくなる。最初は心が小さくなったように感じられるかもしれないが、乗り越えることで大きくなるだろう」とジェイムズ・ホリスは述べている[22]。

ホリスの言葉を信じて全力を尽くし、足下が崩れ落ちていこうとも踏ん張らなければならない。厳しい試練や苦難の向こう側には、強さ、意味、成長、やさしさ、そして思いやりが待っている。

第6章のポイント

意味を見出し前進する

●成長と意味はそれぞれの予定でやって来る。人生に起きる重大な変化や混乱を処理するには、心理的免疫システムが機能するまで待とう。

●困難な時期には時間が過ぎるのが遅く感じられる。そのことを知っているだけで、忍耐強く踏ん張れるようになる。今日はひどい気分でも、未来は今ほどつらくないだろう。

●強引に意味づけしたり成長したりはできないが、これらを引き出すための具体的な戦術がいくつかある。

・謙虚さと降伏を実践する。といっても何もしなくていいわけではない。修正できない状況やコントロール不能な状況をあきらめる、ということだ。

・支援を求め、支援を受け入れる。極端な楽観主義や生産性にとらわれるあまり、友人を疎かにしたり、コミュニティ作りを忘れたりしないよう気をつけよう。

・ボランタリー・シンプリシティ（自発的簡素）を心がけ、ルーティンや行事を作ろう。

・〝真の疲労〟と〝偽の疲労〟を区別しよう——前者には休息が、後者には積極的な行動が必要だ。
・苦しみを自分や他者への思いやりに変えられるよう、自分にできることをしよう。
●「秩序↓無秩序↓秩序の再構築」の重要なサイクルを乗り越えるたびに、次のサイクルは少しだけ乗り越えやすくなる。

おわりに

変化を受け入れ、ぶれない柔軟性を確立する「5つの問いと10の方策」

How to Excel
When Everything Is Changing–Including You

個人レベルでも、組織レベルでも、もっとも大きな難題は変化に関わるものだ。個人レベルでいうと老化、病気、何かを得る・失うことなど。組織レベルでは、働く場所、働き方、働く動機などの変化。社会レベルでは、気候変動、人口動態の変化、地政学的変化など。

アロスタシスの概念を提唱したペンシルベニア大学のピーター・スターリング教授は、健康を「変化に適応する能力」と定義した。教授によると、病気は「この能力の縮小」によるものだという。

わたしたちの文化がこれほど不健康で、（身体的、感情的、知的、社会的、精神的に）これほどやっかいなのは、変化をくぐり抜けるためのスキルが足りないからだ。この本が人々に必要な修正手段を提供するだけでなく、こうしたスキルに注目が集まることを願ってやまない。

これまでと同じやり方を続けることには、かなり高いリスクが伴う。変化が起きるたびに抵抗しても仕方がないが、よく考えずに変化に流されるままでも無意味だ。それでは大きな勢力の気まぐれに左右されるロボットと同じだ。

変化に対する対処法はこの2つが一般的だろうが、どちらのやり方も、肥満の危機（フードサプライの変化）、注意力散漫の危機（テクノロジーの変化）、孤独の危機（社会規範の変化）、民主主義の危機（政治の変化）、環境の危機（気候変動）およびメンタルヘルスの危機などを悪化させるだろう。最終的に、これらすべてが組み合わさると大変な事態になりかねない。

健康を取り戻したい、できれば成功したいと願うのであれば、活動的な参加者となって変化との関係を変えなければならない。変化がわたしたちを形づくるのと同様に、わたしたちも変化を形づくれるのだと認識する必要がある。

2022年の半ば、わたしがこの本の草稿を書き上げようとしていた頃、作家のレベッカ・ソルニットが「わたしたちはなぜ、人は変われると信じなくなったのか？」と題する美しいエッセイを発表して、現代人はこれまで以上に変化を熟知する必要があると説いた[1]。

「人間の性質は流動的だという考え方よりも、不変だという考え方をよく見かける」がこの思い込みは有害だ、と彼女は書いている。わたしたちは〝今の自分〟か〝かつての自分〟のイメージの中に自分を押し込め、他の人々や社会全体に対しても同じことをしようとする。その結果、成長も進歩も、これらの根底にある基本的な願望も抑えつけられる。

さらにソルニットは人々がやたら白黒をつけたがることの危うさも指摘した。

「問題の一部は、（わたしたちが）分類して考えたがること、あるいはむしろ、考える代わりに分類で済ませてしまうことにあるのかもしれない」

ソルニットははっきりと言及はしなかったが、一番の解決策は本書で何度も言及した非二元論思考だろう。

ソルニットはエッセイの最後に「人は変わる。大多数の人は変わってきたし、これからも変わっていくことを認識してほしい」と訴え、こう続けた。

「この変化の時代においては、誰もがみな変化の波に流されているのだから」

この意見には心の底から同意する。わたしがこの本を書いたのは、まさにその理由のためだからだ。

これを書いたのは新型コロナウイルスのパンデミックが起きて、欧米の民主主義が内向きになり、職場環境が変容し、ヨーロッパ大陸で戦争が起きているさなかだった。その間にも、わたしの小さな息子があっという間に成長し、新たに女の子が生まれ、国をまたいで引っ越し、作家として大成功を収め、親しかった親族と身を切るような思いで絶縁した。また、友人やクライアント、同僚、近所の人たちみなが、圧倒されるほど生活が激変したと話すのも聞いた。

今から10年後には変化の形が変わっているだろうが、それでも変化は変化だ。ぶれない柔軟性とその基盤となる資質があれば、「秩序→無秩序→秩序の再構築」のサイクル（つまり人生）をうまく切り抜け、そしてコミュニティのより良いメンバーになれるはずだ。

変化を受け入れるための5つの問い

本書で学んだことをしっかり心に刻むには、次の5つの問いを自問するといいだろう。言葉は強力な武器だ。名もなき思考・感情・概念に名前をつけると、それに光が当たって明確になる——そして有意義な新しい方法でそれに取り組めるようになる。すぐに答えが出なくても、これらを自問するだけで、ぶれない柔軟性を発揮して人生を形づくれるようになる。

問い1　変化の可能性を受け入れるほうが得策なのに（変化を避けられない場合もある）、絶対に変えたくないと執着してしまう部分はどこか？

1960年代前半にアメリカで東洋哲学が広まる一端を担った禅師《ぜんじ》の鈴木俊隆《しゅんりゅう》は、自身の教えをわずか2語に要約できると明言した——「Everything changes（あらゆるものは変化する）」だ。

物理学では、熱力学第2法則がこれにあたる。乱雑さ《エントロピー》の程度、つまり自然界における変化や混乱の度合いは常に増加する、という法則だ。

目に見えるこのシンプルな事実に抵抗しても、不必要に苦しむだけだ。変化それ自体が苦痛であるのは確かだ。だが、変化が避けられないものなのに、ずっと同じでいてほしいと願い執着すると、事態はさらに悪化する。第2章で紹介した方程式を思い出してほしい。苦しみ＝痛み×抵抗だ。

さらに鈴木俊隆は、どんな現象でも奥深くまで見通せば、やがて真実が見えてくるだろうとも説いた。

あなたの人生の中でピンと張り詰めている領域に注意を払えば、おそらくそこで変化に抵抗していることがわかるだろう。前に詳述したように、人はしばしば老化、人間関係、職場の大きなプロジェクト、他人の成功の尺度、将来の計画、過去のエピソードに抵抗しようとする。抵抗している領域が見つかったら、わずかで構わないから手綱を緩めてみてはどうだろうか。

わたしたちの中には、変化を受け入れ、変化と連携し、変化を統合できる一部があり、あなたの進歩はその部分を育めるかどうかにかかっている。それを育み強くすることで、あなたの中にある変化を拒み、時には危険なほど抵抗を試みる別の一部を抑え込むのだ。安定を試みると、大きな負荷がかかる。その負荷を手放してみよう。

問い2 非現実的な期待を抱かずにいられないのは、人生のどの部分か？

前述したように、現実から期待を差し引いた結果があなたの幸福感になる。現実のもっとも的確な定義は「変化」だと言われているが、それには相応の理由がある。結局のところ、物事はずっと同じであり続けるだろうと期待すると、その期待が打ち砕かれてみじめな人生を歩むことになるのだから。

あなたが楽観的に考えているのは人生のどの領域だろうか？　物事をもっと正確に見るにはどうしたらいいか？　物事はもっとよくなるという希望を持ったまま、現実をありのままに受け入れると、世の中はどう見えるだろうか？

タイの森林僧院にアチャン・チャーという聡明な僧侶がいた。逸話によると、チャーは弟子たちの前でお気に入りのグラスを掲げて、「このゴブレットが見えますか？　わたしにとって、このグラスはすでに割れています。このグラスを気に入っていますし、これで飲み物を飲んでいます。水がしっかり収まりますし、太陽の光が当たって美しい模様が浮かぶこともあります。コツコツと叩くと、心地よい音が鳴ります。しかしこのグラスを棚に置いていたら風で倒れるかもしれないし、テーブルに置いていたらわたしの肘が当たって床に落ちて砕けるかもしれません。するとわたしは『そうでしょうとも』と言います。グラスがすでに割れていると思えば、グラスを使う一瞬一瞬が貴重に感じられるのです[2]」。

言うまでもなく、チャーが抱いたのは何とも高尚な期待だが、こうした姿勢を心にとどめておく価値はあるだろう。

問い3 執着しやすいアイデンティティはあるか?

誰もがみないろんな顔を持っている。たとえば、親、パートナー、子ども、きょうだい、作家、従業員、重役、内科医、友人、隣人、アスリート、パン職人、アーティスト、芸術家、弁護士、起業家など。自分のアイデンティティをリストにしてみよう。

存在意義や自尊心のよりどころとして、頼りすぎているアイデンティティはあるか?自己認識を多様化したらどうなるか? 特定の活動に専念したい場合、他の役割もきちんとこなすにはどうすべきか?

一つの活動にすべてを懸けるのは構わないが、状況が変わった時のために、他の可能性も用意したほうがいいだろう。

もっと良いのは、さまざまなアイデンティティを一つに統合して、包括的なアイデンティティを作ることだ。そうすればその時々に応じて、特定の顔を前面に出したりひっこめたりできる。

わたしの人生を振り返ると、一部のアイデンティティにどっぷり浸っていた時期がある。たとえば、父親、夫、作家、コーチ、友だち、アスリート、隣人といったアイデンティティだ。アイデンティティのどれかを軽視すると、人生がうまくいかなくなることを身をもって学んだ。

他方で、すべてのアイデンティティを強く保てば、人生のいずれかの領域がうまくいかなくなっても、別の領域に頼ることで活力が湧いて、自分を取り戻せることがわかった。すると、しっかりと地に足がついて、どんな困難も切り抜けられるようになる。

問い4　人生の難局をくぐり抜ける時に、コアバリューをどう役立てるか？

コアバリューとは、あなたの中にある根本的な信念や指針のことだ。あなたにとってもっとも重要な特性や資質のことでもある。

コアバリューは3～5つほど決めておくといいだろう（コアバリューの例をリストにして付録に掲載したので参照してほしい）。一つひとつのコアバリューを具体的な言葉で定義し、それを実践する方法を2、3考えてみよう。

コアバリューが思いつかない人は、尊敬している人を思い浮かべてみよう。その人のどの一面を尊敬しているか？　あるいは、老いて賢くなった未来の自分が、今の自分を見たら何と思うかを想像してみよう。老いて賢くなったあなたは、現在のあなたのどこを誇りに思うだろうか？

変化や混乱や不確実な状況に直面した時は、自分のコアバリューに従う方向へと舵を取ったらどうなるか、自問してみよう。少なくとも、コアバリューを守るにはどうしたらいいかも考えよう。

コアバリューを実践する方法は、ほぼ間違いなく変わり続けるだろう――新しい方法や、新しい状況でコアバリューを実践するには、柔軟性が不可欠だ。コアバリューは変える必要はないものの、時間の経過と共に変わっていくものだ。現在のコアバリューに従って社会で生きていくうちに、やがて新しいコアバリューが見つかるだろう。

コアバリューは進化を促す原動力となる。コアバリューは、現在地（および現在のあなた）と未来（および未来のあなた）とを結びつける鎖なのである。

軸はあっても柔軟性がなければ硬直し、柔軟性はあっても軸がなければ不安定になる。この範囲内で自分がどの位置にいるのかを分析し、健康的な中間地点にはどんな風景が広がっているかを想像してみよう。

柔軟すぎる人は、自分のコアバリューをしっかり守って行動に移そう。軸が強すぎる人は、軸の応用範囲をもう少し広げてみよう。

問い5　どんな状況になるとつい反応してしまうか？　自分自身がどんな状態の時に反応しやすくなるか？

反応とは、よく考えもせずについ早まって出てしまう行動だ。反応すると、型どおりの行動に出やすい。他方で、自発的な対応は計算したうえで意図的に行動することだ。

わたしを含め、多くの人は特定の状況下になるとほぼ予想通りに反応的な態度を取る。それは特定の同僚か家族の一員と一緒にいる時かもしれない。あるいは特定の話題を持ち出された時かもしれない。悪い情報がもたらされた時かもしれない。

あなたが反応しやすい状況がわかったら、そのような状況に十分に注意を払い、心を落ち着けてから対応するよう心がけよう。

また、自分がどんな状態の時に反応しやすくなるかも考えてみるといいだろう。ソーシャルメディアに何時間も費やすと短気になりやすい？　特定のテレビ番組を見ている時？　やるべきことが多すぎて、自分のための時間も余裕もない時？

反応を引き起こすきっかけが判明したら、それを取り除くか、少なくともそれに触れる機会を最小限にとどめよう。

ぶれない柔軟性を確立する10の方策

生きている間に、何度も「秩序→無秩序→秩序の再構築」のサイクルに遭遇するだろう。こうしたサイクルを巧みに進むには、ぶれない柔軟性が必要だ。

ぶれないこととは、心が強くて毅然としていて、我慢強いことだ。柔軟性とは、さまざまな状況や条件に対して主体的に対応し、自分軸をしっかり持ったままで、しなやかに対応して順応することだ。

これらを組み合わせると、気骨のある我慢強さ、変化に耐え、変化のさなかでも活躍できる反脆弱性が生まれる。日常生活の中でぶれない柔軟性を実践するための10の最善策を紹介しよう。

方策1　非二元論思考を身につける

世の中には白黒はっきりしているものがあるが、多くのものは白でもあり黒でもある。哲学者たちは、こうした考え方を〝非二元論〟と呼ぶ。

世の中は複雑でそれぞれに異なる背景があり、真実はしばしば逆説や矛盾の中で見つかる。「これかあれのいずれか」ではなく、「これでもあり、あれでもある」ということだ。

非二元論思考は重要な概念だ。にもかかわらず、ひどく誤解され、変革期を含めた人生のさまざまな局面において役立てられていない。

知識と知恵を区別するにはこう考えよう。知識は何かを知っていることであり、知恵はそれをいつ、どうやって使うかを知っていることだ。非二元論思考を意識すると、多くの概念や戦略は役に立つが、いつか邪魔になる日が来ることに気づく。

たとえば、ぶれない柔軟性の目標は、状況を安定させて、二度と変化が起こらないようにすることではない。あらゆる安定感をあきらめて、人生の気まぐれに降伏し、身を委ねることでもない。むしろこれらの性質を統合させ、断固とした態度を取るべき時にうまく取り、順応すべき時にうまく順応する方法を理解することだ。

ノーベル経済学賞を受賞した心理学者のダニエル・カーネマンはかつて学生にこう言ったという。

「誰かから何かを聞いたら、それは本当だろうかと自問してはいけない。それは何の真実の一部だろうかと自問しよう」[3]

他にも、こう自問すると役立つだろう。

「今現在、この考え方・アプローチは役立っているか？」

答えがイエスならそれを続けよう。答えがノーならやり方を変えてみよう。この問いの答えは時間の経過と共に進化していくだろう。それで構わない。

方策2 存在志向でいく

所有志向とは、持っているもので自分を定義することだ。所有物、アイデンティティ、仕事は失う可能性があるのだから、所有志向は本質的にもろい。何かに異常に執着すると、やがてそれに支配されるようになる。

他方で存在志向は、自分の奥深くにある永続的な部分を自分のアイデンティティと重ね合わせる。永続的な部分とは、コアバリューや、いかなる状況になろうとも主体的に対応する能力のことだ。存在志向は変動的で、変化に対応する際に有利に働く。

あなたが特定の人、場所、概念、ものに過度に執着していると気づいたら、自分はこういう人間だという概念の幅を広げよう。

「わたしはX、Y、Zを持っている人間だ」ではなく「わたしはX、Y、Zをやる人間だ」と考えよう。

方策3 現実に合わせて期待を頻繁にアップデートする

人間の脳には予測マシンのような働きがあり、常に現実を予測しようとする。現実があなたの予想と合致しているか、予想よりわずかでも良ければ、気分が良くなってパフォーマンスも上がる。適切な期待を持つよう心がけ、不確かな時は保守的で慎重すぎるぐらいの予想がいいだろう。

予期せぬ変化が起きた場合は、できるだけ現実をありのままに見て、予想を適切にアップデートしよう。古い期待に固執すればするほど、気分が落ち込み、目の前の現実に取り組むために使えたはずの時間やエネルギーを浪費することになるだろう。

「こうなるといいなと望んだこと、こうなると思ったことはこれだ。実際に起きていることはこれだ。わたしが生きる世界は頭の中だけでなく、現実の世界でもあるのだから、現実の世界にフォーカスしなければ」

方策4 悲痛な状況下での楽観主義を実践し、賢明な願望と賢明な行動を心がける

アルバム『レター・トゥ・ユー』のリリース後、ほどなくして71歳のブルース・スプリングスティーンは『アトランティック』誌のインタビューで、知恵のもっとも重要なことを次のように語った。

「わたしには世の中を変える力があるという信念をあきらめずに、世の中をありのままに受け入れることだ」と語った。「人生の可能性に希望を抱きながら思考のプロセスを成熟させ、人生の限界を認識するという究極の地点まで到達する――それこそが成功した大人というものだ[4]」

スプリングスティーンの印象的な助言に従って、自分の背中をそっと押してほしい。そしてこの先が困難な道のりになること、はかなさに傷つくことがあることを認め、受け入れ、そんな人生になることを期待しよう。前向きな姿勢で前進するために、できることをやろう。

この「悲痛な状況下での楽観主義」を実践すれば、思いやりや人との絆を育むことができる。科学者たちの見解によると、人類は、愛するものを含めたすべてが変化することを認識し、先を予想できる唯一の種だという。人はみなはかなさに傷つき、はかなさゆえに一つに団結できる。こうしたコミュニケーションのおかげで人々は前進し続けられるだけでなく、生きていて良かったと思える瞬間を持てる。

ハーバード大学の心理学者からスピリチュアル・ティーチャーに転身したラム・ダスはしばしば「わたしたちはただ一緒に家に向かって歩いているのだ」と語ったという[5]。

悲痛な状況下での楽観主義がマインドセットだとすると、それを具体化したのが賢明な希望と賢明な行動だ。賢明な希望を掲げて賢明な行動を取ることは、絶望感に浸ることでも、極端な楽天家になることでもない。むしろ生産的な活動をすることだ。

賢明な希望と賢明な行動を実践するには、状況をありのままに受け入れて直視し、そこから希望を失うことなく「今起きていることはこれだ。わたしは自分にコントロールできるものにフォーカスして、最善を尽くそう。これまでに他の苦難や、疑心暗鬼な時期や絶望的な時期も経験したが、乗り越えてきた」と考えよう。

希望など持てそうにない困難な状況でこそ、希望はもっとも重要なものになる。

方策5　自己認識を積極的に多様化させて統合する

変化と混乱の時期を乗り切るには、複雑性が不可欠だ。複雑性を手に入れるには多様化と統合の両方が必要になる。

多様化とは、一つの種がどれだけ構造や機能において異なるパーツで構成されているか、その度合いのことだ。統合とは、これら別個の要素が伝達し合って互いの目的を強化して、まとまりのある全体を築くことだ。

あなたの人生における明確な要素をいくつか選んで、それらがどう連携しているか考えてみよう。

多様性が十分でないと思ったら、どうしたら多様化をはかれるだろうか？　仕事や趣味など、何でもいいから何を始めるか、維持できるか、もっと時間を費やせるかを考えよう。

同じことは統合にも言える。あなたの中の際立つアイデンティティを統合させて包括的なストーリーを構築するには、どうすればいいか？

方策6　独立的なレンズと相互依存的なレンズで世界を見る

人間は、さまざまな役割や環境との関係において一つか二つの自己で対処しようとする。

独立的な自己は、自分は他者や環境に影響を与えるような唯一無二の個人で、束縛のない自由な存在だと考える。相互依存的な自己は、対人関係から自分を捉え、他人との共通点を見つけ出し、それぞれの状況に適応し、伝統や義務を重んじる。

こうした自己のレンズを意識するようになれば、いつどのレンズで世界を見るかを選べるようになる。生活の中で独立的なレンズと相互依存的なレンズをいつ、どうやって切り替えられるか考えてみよう。

独立的なレンズは、物事をコントロールしやすい状況で何かを実現しようとする時に有利に働く。相互依存的なレンズは、もっと無秩序な環境下にいる時に有利に働く。

大きなプロジェクトに着手する時は、複数のレンズの中から一番役に立つレンズはどれかを検討しよう。大きな壁にぶつかって行き詰まった時は、自分がどのレンズを使っているのかを意識し、他のレンズでその状況に対処してみよう。

非二元論思考で考えよう。たとえ一つのプロジェクトに従事する間でも、レンズを取り換えたほうがうまくいく瞬間があるものだ。

方策7 4段階プロセスを使って変化に対応する

変化にうまく対処するには、出来事とその対処法との間に距離をおく必要がある。そのような距離、つまり間をおけば、すぐに感情が落ちつく余裕が生まれ、起きていることをより深く理解できる——つまり状況を整理できるということだ。

すると状況を深く内省できるようになり、脳内のもっとも進化した人間特有の領域を使って戦略を立てて計画を練られる。それからようやく前進できるようになるだろう。

間をおくには、感情に名前をつけるといい。状況を整理して計画を練るには、セルフ・ディスタンシングの手法を試してみよう。たとえば友人が自分と同じ状況だったらどんなアドバイスをするかを想像してみたり、マインドフルネス瞑想法をやってみたり、大自然の中で畏敬の念を覚えたり。

前進するうえでの最大の障壁は、自己不信や分析しすぎて動けなくなることだ。こうした問題を克服する最善策は、初めの一手を実験だと思うことだ。ハードルを下げ、正しくやらなければとか完璧にしなければと気負うことなく新しいことを試し、その経験から学ぼう。あとで振り返ってその行動が有益だと判明したら、その小道を進んで行こう。

他方で、適切ではなかったと判明したら、小道の進路を調整し、できれば4段階プロセスの最初の3段階——①間をおく→②状況を整理する→③計画を立てる——をやってから再び前進しよう。

方策8　混乱期には平穏を維持するためにルーティン(および行事)をやろう

周囲が一変している時は、ルーティンをやると日常的な感覚と落ちつきを取り戻せる。ルーティンなので、意志や動機に頼らなくても機械的に判断できて行動しやすい。困難な時期には、意志や動機は不足しがちなのでなおさらいいだろう。

だが問題もある。ルーティンは魔法のような効力を発揮することがあるが、魔法のルーティンは存在しない。ある人に効果的な方法も、別の人には効かないかもしれない。

最適なルーティンを見つける最善の方法は、敏感に自己洞察をして実験することだ。何かをする時に自分に注意を払い、そこから何が得られるかを検証しよう。比較的安定している時期でも、ルーティンと行事を決めて実践するといいだろう。ルーティンと行事が習慣化すれば、混乱に見舞われても、淡々とそれをやれるだろう。

もちろん、ほとんどの人に効果的な活動もある。たとえばエクササイズ、睡眠、人との交流など。だがこうした活動に従事する時にも適したタイミング、場所、やり方がある。自分にとって効果的な方法を見つけよう。

さらに、ルーティンに執着しすぎるようになる危険性もある。旅先で、いつものカフェが閉店していた、お気に入りのポッドキャスト番組で宣伝されている万能薬を注文したのにその会社が廃業してしまった、など何らかの理由でルーティンをこなせない時は、途方に暮れるかもしれない。

禅宗の公案《こうあん》のようなものだと思えばいい。1番目のルールはルーティンを決めて、それを習慣化すること。2番目のルールは、ルーティンをやめても問題はないということだ。

方策9　行動活性化を利用する

感情的、身体的、社会的、あるいは精神的に疲労感を覚え行き詰まった時は、休息を取ることが一番だ。だが休み続けると、そのうちに何もやりたくなくなる。

予定通り、心も身体も回復した。なのにまだ調子が悪い。その時点で〝行動活性化〟と呼ばれる臨床心理学の概念を実践すると、事態を好転させられるかもしれない。

〝行動活性化〟は、1970年代に臨床心理学者ピーター・レウィンソンが、うつ病、無気力、その他のネガティブな精神状態から抜け出せない人たちのために考案した治療法だ。行動するとやる気が起きるという仮説に基づいた治療法で、特に行き詰まった人や退屈な生活から抜け出せない人に効果的だ。

誤解のないように言うと、〝行動活性化〟はポジティブ思考とは違う。

ポジティブ思考は、20世紀に起きた自尊心運動で中心となったスローガンだ。1952年に発売された『積極的考え方の力』（ダイヤモンド社）など大ベストセラーとなった書籍は、ネガティブな考えを抑えてポジティブなことばかり考えれば、健康も富も幸せも手に入ると主張した（今では、これは誤りだとわかっている）。

どちらかというと、この戦略は裏目に出やすいことが研究結果から判明している。精神的な力で自分の感情を変えようとすると、かえってその感情にとらわれやすくなるという。思考や意志力だけで新たな自分を作り出すことはできないのだ。

行動活性化の課題は、自分にとって重要なことを行動に移すためにエネルギーを集めなければならないことだ。気分が落ち込んでいる時、やる気が起きない時、関心が湧かない時は、そのような感情に浸ることを自分に許可してほしい。

といっても、いつまでもその感情に浸ったり、それが運命だと思ったりしてはいけない。何であれその感情を抱いたままで集中力を切り替え、計画したことをやり始めよう。いざやり始めれば、気分がよくなる可能性が高くなる。

この最初の勢いを活性化エネルギーだと思ってもいい。もっと勢いが必要な時もあれば、勢いなどなくても構わない時もある。マンネリ生活をしていると、小さなことをするにもエネルギーが必要になるが、それで構わない。最初の停滞期が来るか、摩擦が起きると、それを乗り越えるのにさらに労力がかかるかもしれない。だが、物理学の法則は人間の感情にも当てはまる。何かをやればやるほど、それをやるのが簡単になるだろう。

方策10　無理やり意味や成長を求める必要はない。やって来るまで待とう

研究結果によると、ほとんどの人は厳しい試練の時ですら成長し、試練の中に意味を見つけるという。だが、その試練が大きければ大きいほど、成長と意味を見出すまでのプロセスは長くなるし、無理に速めることはできない。

自分自身（または経験）に強引に意味づけしたり、自分に成長を強いたりすると、それ

はほぼ逆効果になるだろう。失業、愛する人との死別、トラウマとなるような負傷など、元々ネガティブな思いが2倍になることもある。あなたの今の状況だけでもひどいのに、自己啓発書に書かれていることすら実践できないのだから。

人生でもっとも大きな試練に遭遇した時、いざ直面するまで想像したこともないような事態が起きた時は、その出来事から距離をおき、心理的免疫システムが適切に対応できるようになるまで待とう。

さらに自分にプレッシャーをかける必要はない。ただその状況に対峙してそれを切り抜けるだけで十分だ。あなたは変化していくだろうし、必ずしもすべてがうまくいくとは限らない。

試練のまっただ中にいる時は不可能に思えるかもしれないが、少なくともその経験からいくらかの意味と成長を見出す日が来るだろう。たとえ難しくても、自分にやさしく忍耐強く接してほしい。そして他の人に助けを求めよう。みんなで乗り越えていこう。

謝辞

ケイトリンがいなかったら、この本はおろか他の著書もこの世に存在しなかっただろう。ケイトリンはわたしにとって最高のパートナーだ。日々彼女に感謝している。

息子のテオのおかげで、本の執筆作業が以前よりもずっと楽しくなった。本を出版するプロセスについて10万もの質問（本当の話だ）を浴びせかけてくる5歳児がいては、仕事に専念するのは容易ではない。

娘のライラが現場に来たのはこれが初めてだ。大勢の読者がここまで読み進めてくれたのなら、ライラ、きみには次の本の執筆でも助けてもらうだろうね。

また、わたしが誠実にこの本を書いているのなら（実際にそうだが）、それはルームメートのサニー（猫）、添い寝仲間のブライアント（同じく猫）、それから親友のアーナンダ（犬）のおかげだ。わたしが机に向かって執筆する日はいつも、この子たちのために何度も席を立たなければならなかったが、時々立つのは（たいていの場合）身体に良い。

わたしの中核チームにも感謝したい。もう一人のパートナー、スティーブ・マグネス（ヒラリーも。彼女は、わたしとスティーブが長電話しても怒らなかった）。

ローリー・アブクマイヤーはわたしのエージェント、出版コーチ、最重要編集者として、変化し続ける出版業界の道のりを案内してくれる最高のガイドだ。

クリス・ダグラスはわたしとスティーブのステップアップをサポートし、さらに『The Growth Equation（成長方程式）』のサイトを計画的に進め綿密に運営してくれている。

本書ではすばらしいサポートと情報提供をもらった。

コートニー・ケリーはリサーチを手伝ってくれて、本書に登場する魅力的な人物たちのエピソードを見つけてくれた。マーラ・ゲイは原稿を早い段階から何度も読み、そのたびにフィードバックをくれた（おまけに長い付き合いの最高の友人でもある）。トニー・ウベルタシオはこの本のインスピレーションをくれただけでなく、森林の長い散歩にも何度も付き合ってくれた。

わたしが所属する作家の互助グループのメンバーたち。デイビッド・エプスタイン、カル・ニューポート、アダム・オルター、スティーブ・マグネス。わたしのメンターのマイク・ジョイナーとボブ・コチャー。親友のジャスティン。わたしの「スピリチュアル・フレンドシップ」友だちのブルック。兄のエリック。そして近所に住む最高の人たち——すばらしいコミュニティに住んでいると執筆がはかどる！

それからザックは、わたしが執筆に集中できない時に、わたしの身体の健康維持をサポートしてくれた。愛する場所でデッドリフトができるのはこの上なくすばらしい。それもこれもきみのおかげだ。ありがとう。

担当編集者のアナ・ポーステンバックと、ハーパーワンの編集チームには感謝しても感謝しきれない。特に、この本の価値とその主要なメッセージをすぐに理解してくれる人が見つかったことを、ありがたく思う。

アナとの共同作業は、まるで姉と一緒に働いているみたいだった。しかも口げんかをせず、いろんなことを教えてくれる姉だ。今後わたしの執筆道具の中にずっと保管しておきたい、アナから教わった忘れられない教訓がある。常に読者の立場で考えることの重要性だ。本の中では自分のニーズだけでなく、読者のニーズにも触れるようにしたい。というとシンプルに聞こえるが、シンプルだから簡単にできるわけではない。この点でうまくいったのなら、それはアナのおかげだ。失敗したところはすべてわたしの責任である。

アナとわたしに共に新しい家族が誕生した時には、ギデオン・ウェイルが滞りなく担当を引き継いでくれた。シャンタル・トムは、このプロジェクト全体を管理し、あらゆる段階でサポートして細部まで気を配ってくれた。アリー・モステル、アン・エドワーズ、ルイーズ・ブレイヴァーマンは、見事なマーケティングと宣伝活動をしてくれた（残念ながら、本は自分で宣伝ができない。こんなに優秀なチームに恵まれて幸運だった）。

あらゆる本の背後には陰の英雄がいて、彼らがわたしの本をより良いものに仕上げてくれた——原稿整理編集者のターニャ・フォックス、制作担当編集者のメアリー・グランジーア、装丁家のスティーブン・ブレイダだ。

本書に登場するみなさん、ありがとう。本書で取り上げた研究をおこなった研究者のみなさん、ありがとう。わたしのコーチングを受けているクライアントのみなさん、わたしがこの本で書いたことがすべて重要な場面で効果があることを確認してくれて、ありがとう。

それから読者のみなさんにも、感謝の言葉を。誰もがみな、最善を尽くしながらこの先の道筋を模索しているところだ。幸運にも、みなさんと一緒に小道を歩くことができて光栄に思う。

- □ 公平さ
- □ 友情
- □ 楽しむこと
- □ 成長
- □ 幸せ
- □ 誠実
- □ 謙遜
- □ ユーモア
- □ 知性
- □ 正義
- □ 親切
- □ 知識
- □ リーダーシップ
- □ 学習
- □ 愛
- □ 忠誠心
- □ 熟達
- □ 意味
- □ 率直
- □ 楽天主義
- □ 忍耐
- □ パフォーマンス
- □ 粘り強さ
- □ 落ちつき
- □ 実践
- □ クオリティ
- □ 評価
- □ 評判
- □ 敬意
- □ 責任感
- □ 安全性
- □ 役に立つこと
- □ 巧みさ
- □ 安定性
- □ 地位
- □ 成功
- □ サステナビリティ
- □ 自制
- □ 信頼
- □ 豊かさ
- □ 知恵

付録　コアバリューのリスト

　コアバリューとは、あなたの中にある根本的な信念や指針のことだ。あなたにとってもっとも重要な特性や資質は何だろうか。コアバリューは3〜5つほど決めておくといいだろう。

- □ 達成
- □ 冒険
- □ 感謝
- □ 気配り
- □ 正確さ
- □ 威厳
- □ 自主性
- □ バランス
- □ 美しさ
- □ 帰属意識
- □ 大胆さ
- □ 構築
- □ 挑戦
- □ 善良な市民であること
- □ コミュニティ
- □ 思いやり
- □ 適性
- □ 一貫性
- □ 貢献
- □ 技術
- □ 創造性
- □ 好奇心
- □ 決断力
- □ 勤勉
- □ 洞察力
- □ 規律
- □ 意欲
- □ 有効性
- □ 効率
- □ 共感的理解《エンパシー》

『緊急時サバイバル読本 生き延びる人間と死ぬ人間の科学』ローレンス・ゴンサレス著、アスペクト

The Hidden Spring by Mark Solms

『引き算思考「減らす」「削る」「やめる」がブレイクスルーを起こす』ライディ・クロッツ著、白揚社

『幸せはいつもちょっと先にある』ダニエル・ギルバート著、早川書房

No Cure for Being Human by Kate Bowler

『精神科医が実践するマインドフルネストレーニング：習慣を変えるための３つのギア』ジャドソン・ブルワー著、パンローリング

The Way of Aikido by George Leonard

Life Is Hard by Kieran Setiya

■柔軟でぶれないアイデンティティ

『生きるということ』エーリッヒ・フロム著、紀伊國屋書店

Devotions by Mary Oliver

The Art of Living by Thich Nhat Hanh

Going to Pieces Without Falling Apart by Mark Epstein

The Trauma of Everyday Life by Mark Epstein

The Cancer Journals by Audre Lorde

The Wisdom of Insecurity by Alan Watts

A Liberated Mind by Steven C. Hayes

『脳の外で考える 最新科学でわかった思考力を研ぎ澄ます技法』アニー・マーフィー・ポール著、ダイヤモンド社

Clash! by Hazel Rose Markus and Alana Conner

『RANGE レンジ 知識の「幅」が最強の武器になる』デイビッド・エプスタイン著、日経 BP

■柔軟でぶれない行動

『ドーパミン中毒』アナ・レンブケ著、新潮社

A Significant Life by Todd May

Dancing with Life by Phillip Moffitt

『ネット・バカ インターネットがわたしたちの脳にしていること』ニコラス・G・カー著、青土社

Do Hard Things by Steve Magness

『マインドフルネスストレス低減法』ジョン・カバットジン著、北大路書房

『ラディカル・アクセプタンス ネガティブな感情から抜け出す「受け入れる技術」で人生が変わる』タラ・ブラック著、金剛出版

『老子道徳経』老子著

『語録 要録』エピクテトス著、中央公論新社

『マルクス・アウレリウス「自省録」』マルクス・アウレリウス著、講談社

『ブッダのことば スッタニパータ』中村元訳、岩波書店

Death by Todd May

Almost Everything by Anne Lamott

『反脆弱性 不確実な世界を生き延びる唯一の考え方』ナシーム・ニコラス・タレブ著、ダイヤモンド社

『良き人生について ローマの哲人に学ぶ生き方の知恵』ウィリアム・B・アーヴァイン著、白揚社

What Matters Most by James Hollis

『千の顔をもつ英雄』ジョーゼフ・キャンベル著、早川書房

Lost & Found by Kathryn Schulz

『夜と霧 新版』ヴィクトール・E・フランクル著、みすず書房

『やり抜く力 人生のあらゆる成功を決める「究極の能力」を身につける』アンジェラ・ダックワース著、ダイヤモンド社

参考文献

本書の内容を補ったり、理解を深めたりするのに役立つ本を何冊か紹介しよう。完全なリストではないが、本書の各部の内容に合わせて参考文献を分類した。これらのうちの多くは本文で紹介されているが、本書は本文で紹介されなかった本からも影響を受けている。

わたしの著書を読むのはこれが初めてという読者は、前書『The Practice of Groundedness』（未邦訳）もぜひ読んでほしい。いろんな意味でこの本の内容を補ってくれるだろう。本書が人生の道筋をどう展開させるかを書いた指南書だとすると、前書は持続可能な成功を築くための強固な土台をどう作るかについて書いている。すべての道はこの土台から始まる。

■柔軟でぶれないマインドセット

What Is Health? by Peter Sterling

『自分を変える方法 いやでも体が動いてしまうとてつもなく強力な行動科学』ケイティ・ミルクマン著、ダイヤモンド社

『上方への落下 人生後半は〈まことの自己〉へと至る旅』リチャード・ロール著、ナチュラルスピリット

『科学革命の構造　新版』トマス・S・クーン著、みすず書房

原注

Introduction　ぶれない柔軟性
――アイデンティティを維持しながら変化に適応するための新しいモデル

1 Bruce Feiler, *Life Is in the Transitions: Mastering Change at Any Age* (New York: Penguin, 2020), 16.

2 Frederic L. Holmes, "Claude Bernard, the 'Milieu Intérieur,' and Regulatory Physiology," *History and Philosophy of the Life Sciences* 8, no. 1 (1986): 3–25, https://www.jstor.org/stable/23328847?seq=1.

3 Peter Sterling, *What Is Health?: Allostasis and the Evolution of Human Design* (Cambridge, MA: MIT, 2020), xi.

4 Sung W. Lee, "A Copernican Approach to Brain Advancement: The Paradigm of Allostatic Orchestration," *Frontiers in Human Neuroscience* 13 (2019), https://pubmed.ncbi.nlm.nih.gov/31105539.

5 David J. Leigh, "Carl Jung's Archetypal Psychology, Literature, and Ultimate Meaning," *Ultimate Reality and Meaning* 34, no. 1–2 (March 2011): 95–112, https://utpjournals.press/doi/abs/10.3138/uram.34.1-2.95.

6 Syed Talib Hussain et al., "Kurt Lewin's Change Model: A Critical Review of the Role of Leadership and Employee Involvement in Organizational Change," *Journal of Innovation & Knowledge* 3, no. 3 (September–December 2018): 123–27, https://www.sciencedirect.com/science/article/pii/S24445 9780063221741 69X16300087.

7 Bruce S. McEwen, "Allostasis and Allostatic Load: Implications for Neuropsychopharmacology," *Neuropsychopharmacology* 22 (2000): 108–24, https://www.nature.com/articles/1395453.

第１章　人生の流れに心を開く

1 Hayden Carpenter, "The Dawn Wall Is a Great, But Incomplete, Climbing Film," *Outside*, September 18, 2018.

2 Jerome S. Bruner and Leo Postman, "On the Perception of Incongruity: A Paradigm," *Journal of Personality* 18, no. 2 (December 1949): 206–23, https://psychclassics.yorku.ca/Bruner/Cards.

3『科学革命の構造 新版』（トマス・S・クーン著、青木薫訳、2023年、みすず書房、176～177ページ。

4 Barbara Wisse and Ed Sleebos, "When Change Causes Stress: Effects on Self-Construal and Change Consequences," *Journal of Business and Psychology* 31, vol. 2

(June 2016): 249–64, https://link.springer.com/article/10.1007/s10869-015-9411-z.

5 Lao Tzu, *Tao Te Ching: A New English Version* , trans. Stephen Mitchell (New York: Harper Perennial, 2006), 16.

6 Epictetus, *Epictetus: Discourses and Selected Writings*, trans. and ed. Robert Dobbin (New York: Penguin, 2008), 178–85.

7『脳をだませばやせられる「つい食べてしまう」をなくす科学的な方法』(ステファン・J・ギエネ著、野中香方子訳、ダイヤモンド社、2018年)

8『スタンフォードのストレスを力に変える教科書』(ケリー・マクゴニガル著、神崎朗子訳、大和書房、2019年)。

9 Nicholaus Copernicus, dedication of *Revolutions of the Heavenly Bodies* to Pope Paul III, 1543, ttps://hti.osu.edu/sites/hti.osu.edu/files/dedication_of_the_revolutions_of_the_heavenly_bodies_to_pope_paul_iii_0.pdf.

10 *Encyclopedia Britannica Online*, s.v. "Nicolaus Copernicus," accessed October 12, 2022, https://www.britannica.com/biography/Nicolaus-Copernicus/Publication-of-De-revolutionibus.

11 Nicholas P. Leveillee, "Copernicus, Galileo, and the Church: Science in a Religious World," *Inquiries* 3, no. 5 (2011): 2, http://www.inquiriesjournal.com/articles/1675/2/copernicus-galileo-and-the-church-science-in-a-religious-world.

12『科学革命の構造』

13『ザ・プッシュ ヨセミテ エル・キャピタンに懸けたクライマーの軌跡』トミー・コールドウェル著、堀内瑛司訳、白水社、2019年)。163ページ。

14『生きるということ 新装版』(エーリッヒ・フロム著、佐野哲郎訳、紀伊國屋書店、2020年)。153ページ。

15『生きるということ 新装版』153ページ。

16『生きるということ 新装版』166ページ。

17『幸せはいつもちょっと先にある』ダニエル・ギルバート著、熊谷淳子訳、早川書房。

18 Hayden Carpenter, "What The Dawn Wall Left Out," *Outside*, September 18, 2018, https://www.outsideon line.com/culture/books-media/dawn-wall-documentary-tommy-caldwell-review.

19 John Branch, "Pursuing the Impossible, and Coming Out on Top," *New York Times*, January 14, 2015, https://www.nytimes.com/2015/01/15/sports/el-capitans-dawn-wall-climbers-reach-top.html.

20 Branch, "Pursuing the Impossible."

21 Todd May, *Death* (The Art of Living) (London: Routledge, 2016).

第２章　困難を想定する

1 Kaare Christensen, Anne Maria Herskind, and James W. Vaupel, "Why Danes Are Smug: Comparative Study of Life Satisfaction in the European Union," *BMJ* 333, no. 7582 (December 2006): 1289, http://www.bmj.com/content/333/7582/1289.

2 Peter Sterling, "Allostatis: A Model of Predictive Regulation," *Physiology & Behavior* 106, no. 1 (April 2012): 5–15, https://pubmed.ncbi.nlm.nih.gov/21684297.

3 Andy Clark, "Whatever Next?: Predictive Brains, Situated Agents, and the Future of Cognitive Science," *Behavioral and Brain Sciences* 36, no. 3 (June 2013): 181–204, doi:10.1017/S0140525X12000477.

4 India Morrison, Irene Perini, and James Dunham, "Facets and Mechanisms of Adaptive Pain Behavior: Predictive Regulation and Action," Frontiers in Human Neuroscience 7 (October 2013), https://www.frontiersin.org/articles/10.3389/fnhum.2013.00755/full.

5 Daniel Kahneman et al., "When More Pain Is Preferred to Less: Adding a Better End," *Psychological Science* 4, no. 6 (November 1993): 401–5, https://www.jstor.org/stable/40062570.

6 Ziv Carmon and Daniel Kahneman, "The Experienced Utility of Queuing: Experience Profiles and Retrospective Evaluations of Simulated Queues" (PhD diss., Duke University and Princeton University), https://www.researchgate.net/publication/236864505.

7 For instance, when fatigued and crashing athletes: Noel E. Brick et al., "Anticipated Task Difficulty Provokes Pace Conservation and Slower Running Performance," Medicine & Science in Sports & Exercise 51,no. 4 (April 2019): 734, https://journals.lww.com/acsm-msse/Fulltext/2019/04000/anticipated_task_difficulty_provokes_pace.16.aspx.

8 The calories and nutrients: Thays de Ataide e Silva et al., "Can Carbohydrate Mouth Rinse Improve Performance During Exercise?: A Systematic Review," Nutrients 6, no. 1 (January 2014): 1–10, https://www.ncbi.nlm.nih.gov/pmc/articles/PMC3916844.

9 Hollerbach didn't view: A'Dora Phillips, "There Is Such a Thing as Instinct in a Painter," The Vision & Art Project, January 27, 2017, https://visionandartproject.org/features/serge-hollerbach.

10『夜と霧 新版』（ヴィクトール・E・フランクル著、池田香代子訳、みすず書房、2002年）。

11 Emma L. Bradshaw et al., "A Meta-analysis of the Dark Side of the American

Dream: Evidence for the Universal Wellness Costs of Prioritizing Extrinsic over Intrinsic Goals," *Journal of Personality and Social Psychology* (2022), http://psycnet.apa.org/record/2022-90266-001.

12 詳細は『夜と霧』を参照。

13 Barbara L. Fredrickson et al., "What Good Are Positive Emotions in Crises?: A Prospective Study of Resilience and Emotions Following the Terrorist Attacks on the United States on September 11th, 2001," *Journal of Personality and Social Psychology* 84, no. 2 (February 2003): 365–76, https://www.ncbi.nlm.nih.gov/pmc/articles/PMC2755263.

14 John Maher, "When Siddartha Met Sigmund: PW Talks with Mark Epstein," *Publishers Weekly*, December 15, 2017, https://www.publishersweekly.com/pw/by-topic/authors/interviews/article/75640-when-siddartha-met-sigmund-pw-talks-with-mark-epstein.

15『スタンフォードのストレスを力に変える教科書』（ケリー・マクゴニガル著、神崎朗子訳、大和書房、2015 年）を参照。

16 *Just Mercy* Interview with Bryan Stevenson," Rolling Out, December 17, 2019, video, 6:57, https://www.youtube.com/watch?v=vZZ6xp38ukM.

17 Bryan Stevenson: We Need to Talk about an Injustice," TED, March 5, 2012, video, 23:41, https://www.youtube.com/watch?v=c2tOp7OxyQ8; and "*Just Mercy* Interview."

18 Kieran Setiya, *Life Is Hard: How Philosophy Can Help Us Find Our Way* (New York: Riverhead Books, 2022), 178.

19 Phillip Moffitt, *Dancing with Life* (Emmaus, PA: Rodale, 2008)

20 Joel Streed, "Pain Rehabilitation Center Offers Freedom from Debilitating Symptoms," Mayo Clinic, March 11, 2020, https://sharing.mayoclinic.org/2020/03/11/pain-rehabilitation-center-offers-freedom-from-debilitating-symptoms.

21 ここで事実として取り上げたことと引用は、きちんと裏を取ったものである。ただし、文中で紹介されている人物の素性は変更してある。

第 3 章　流動的な自己認識を育む

1 Robert J. Vallerand et al., "*Les Passions de l'Âme*: On Obsessive and Harmonious Passion," *Journal of Personality and Social Psychology* 85 (2003): 756–67, https://selfdetermination theory.org/SDT/documents/2003_VallerancBlanchardMageau KoesnterRatelleLeonardGagneMacolais_JPSP.pdf.

2 Nils van der Poel, "How to Skate a 10K . . . and Also Half a 10K," accessed October 12, 2022, https://www.howtoskate.se/_files/ugd/e11bfe_b783631375f543248

e271f440bcd45c5.pdf.

3 Fortune Feimster, *Sweet & Salty*, 2020, Netflix special, 1:01:00.

4 "Kelly Clarkson Cry-Laughs Hearing Fortune Feimster's Hilarious Coming Out Story," The Kelly Clarkson Show, April 3, 2020, video, 9:00, https://www.youtube.com/watch?v=Ub7_k-J-4FE&feature=youtu.be.

5 Fortune Feimster, "Ginger's Thoughts on Fortune's Marriage," November 11, 2020, *Sincerely Fortune*, podcast, episode 91, 39:24, https://sincerelyfortune.libsyn.com/episode-91.

6 Van der Poel, "How to Skate."

7 Chris Buckley, Tariq Panja, and Andrew Das, "Swedish Olympic Star Gives Away Gold Medal to Protest Beijing's Abuses," New York Times, February 25, 2022, https://www.nytimes.com/2022/02/25/world/asia/nils-van-der-poel-olympic-protest.html.

8 Kurt Lewin, *Field Theory in Social Science: Selected Theoretical Papers* (New York: Harper, 1951).

9 Hazel Rose Markus and Alana Conner, *Clash!: How to Thrive in a Multicultural World* (New York: Plume, 2014), xii.

10 Mutsumi Imai and Dedre Gentner, "A Cross-Linguistic Study of Early Word Meaning: Universal Ontology and Linguistic Influence," *Cognition* 62, no. 2 (February 1997): 169–200, https://www.sciencedirect.com/science/article/abs/pii/S0010027796007846.

11 Markus and Conner, Clash!, xiii.

12 "What Exactly Is Acquired During Skill Acquisition?," *Journal of Consciousness Studies* 18, nos. 3–4 (January 2011): 7–23, https://www.researchgate.net/publication/233604872_what_exactly_is_acquired_during_skill_acquisition.

13 Le Xuan Hy and Jane Loevinger, *Measuring Ego Development* (New York: Psychology Press, 2014).

14 Susanne R. Cook-Greuter, "Mature Ego Development: A Gateway to Ego Transcendence?," *Journal of Adult Development* 7, no. 4 (October 2000): 227–40, https://link.springer.com/article/10.1023/A:1009511411421.

15 Jane Loevinger, "Construct Validity of the Sentence Completion Test of Ego Development," *Applied Psychological Measurement* 3, no. 3 (July 1979): 281–311, https://conservancy.umn.edu/bitstream/handle/11299/99630/1/v03n3p281.pdf; and Shash Ravinder, "Loevinger's Sentence Completion Test of Ego Development: A Useful Tool for Cross-Cultural Researchers," *International Journal of Psychology* 21, no. 1–4 (February–December 1986): 679–84, https://www.tandfonline.com/doi/abs/10.

1080/00207598608247614?journalCode=pijp20.

16 "Ananda, Is There a Self?" in Connected Discourses on the Undeclared, 44.10, *Samyutta Nikaya*, Pali Canon.

17 "Ananda Sutta: To Ananda (On Self, No Self, and Not-Self)," 2004, https://www.accesstoinsight.org/tipitaka/sn/sn44/sn44.010.than.html.

18 Nathaniel Lee, Jacqui Frank, and Lamar Salter, "Terry Crews: Here's How My NFL Career Helped and Hurt Me," *Insider*, March 22, 2017, https://www.businessinsider.com/terry-crews-heres-how-my-nfl-career 2017-3.

19 Jason Guerrasio, "How Terry Crews Went from Sweeping Floors after Quitting the NFL to Becoming a Transcendent Pitchman and Huge TV Star," *Insider*, January 18, 2018, https://www.businessinsider.com/terry-crews-sweeping-floors-to-huge-star-silence-breaker-2018-1.

20 "Terry Crews Breaks Down His Career, from White Chicks to *Brooklyn Nine-Nine*," Vanity Fair, February 6, 2020, video, 21:55, https://www.vanityfair.com/video/watch/careert-timeline-terry-crews-breaks-down-his-career-from-white-chicks-to-brooklyn-nine-nine.

21 https://www.nature.com/articles/s41467–021–25477–8.

第４章　柔軟でぶれない境界線を築く

1 Danny Hajek, "Mafia Wife, Getaway Driver, Stuntwoman: From the Underworld to Hollywood," "All Things Considered," *NPR*, September 21, 2014, https://www.npr.org/2014/09/21/350120159.

2 Georgia Durante, *The Company She Keeps: The Dangerous Life of a Model Turned Mafia Wife* (New York: Berkley, 2008), 457–58.

3 Emily B. Falk et al., "Self-Affirmation Alters the Brain's Response to Health Messages and Subsequent Behavior Change," *Proceedings of the National Academy of Sciences* 112, no. 7 (February 2015): 1977–82, https://www.pnas.org/doi/10.1073/pnas.1500247112.

4 Steven C. Hayes et al., "Acceptance and Commitment Therapy and Contextual Behavorial Science: Examining the Progress of a Distinctive Model of Behavioral and Cognitive Therapy," *Behavior Therapy* 44, no. 2 (June 2013): 180–98, https://www.ncbi.nlm.nih.gov/pmc/articles/PMC3635495.

5 Luigi Gatto, "Roger Federer: 'You Need to Be Stubborn, Believe in Hard Work,' " *Tennis World*, August 30, 2018, https://www.tennisworldusa.org/tennis/news/Roger_Federer/59546/roger-federer-you-need-to-be-stubborn-believe-in-hard-work-/

6『宇宙創成はじめの３分間』（S・ワインバーグ著、小尾信彌訳、筑摩書房、2008

年）。

7 "Penzias and Wilson Discover Cosmic Microwave Radiation," PBS, 1965, https://www.pbs.org/wgbh/aso/databank/entries/dp65co.html.

8 "Discovering the Cosmic Micro- wave Background with Robert Wilson," CfAPress, February 28, 2014, video, 21:55, https://youtu.be/ATaCs6Anx0c.

9 "Cosmic Microwave Background," Center for Astrophysics, Harvard & Smithsonian, accessed October 12, 2022, https://pweb.cfa.harvard.edu/research/topic/cosmic-microwave-background.

10 "The Nobel Prize in Physics 1978," Nobel Prize Organisation, https://www.nobelprize.org/prizes/physics/1978/summary.

11 Michael T. Hannan and John Freeman, "The Population Ecology of Organizations," *American Journal of Sociology* 82, no. 5 (March 1977): 929–64, https://www.jstor.org/stable/2777807.

12 "Newspaper Fact Sheet," Pew Research Center, June 29, 2021, https://www.pewresearch.org/journalism/fact-sheet/newspapers.

13 Amy Watson, "Average Paid and Verified Weekday Circulation of *The New York Times* from 2000 to 2021, (in 1,000 copies)" Statista, June 21, 2022, https://www.statista.com/statistics/273503/average-paid-weekday-circulation-of-the-new-york-times.

14 Alexandra Bruell, "New York Times Tops 10 Million Subscriptions as Profit Soars," Wall Street Journal, February 2, 2022, https://www.wsj.com/articles/new-york-times-tops-10-million-subscriptions-as-profit-soars-11643816086.

15 "The New York Times Company 2021 Annual Report," March 11, 2022, https://nytco-assets.nytimes.com/2022/03/The-New-York-Times-Company-2021-Annual-Report.pdf.

16 "The New York Times Claws Its Way into the Future," *WIRED*, February 12, 2017, https://www.wired.com/2017/02/new-york-times-digital-journalism.

17 Dean Baquet, "#398: Dean Baquet," June 2020, Longform, podcast, episode 398, 1:34:31, https:// longform.org/posts/longform-podcast-398-dean-baquet.

18『科学革命の構造』

19 "Audre Lorde," Poetry Foundation, accessed October 12, 2022, https://www.poetryfoundation.org/poets/audre-lorde.

20 Audre Lorde, *The Cancer Journals*, (New York: Penguin, 2020), 5–30.

21 Thich Nhat Hanh, *The Art of Living: Peace and Freedom in the Here and Now* (San Francisco: HarperOne, 2017), 71.

22 Thich Nhat Hanh, *Understanding Our Mind: 50 Verses on Buddhist Psychology* (Berkeley, CA: Parallax Press, 2002).

23『見えない未来を変える「いま」〈長期主義〉倫理学のフレームワーク』（ウィリアム・マッカスキル著、千葉敏生訳、みすず書房、2024年）61ページ。

第5章　主体的に対応する

1 Epictetus, *A Selection from the Dis-courses of Epictetus with the Encheiridion*, trans. George Long, January 9, 2004, http://pioneer.chula.ac.th/~pukrit/bba/Epictetus.pdf.

2 Tao Te Ching: Mitchell, *Tao Te Ching*, 45.

3 George Leonard, *The Way of Aikido: Life Lessons from an American Sensei* (New York: Plume, 2000), 120–23.

4 "Target Fixation: It's Not Just a Motorcycle Problem," Drive Safely, accessed October 12, 2022, https://www.idrivesafely.com/defensive-driving/trending/target-fixation-its-not-just-motorcycle-problem.

5 Max Schreiber, "Inbee Park Explains Why She's the World's Best Putter from 10–15 Feet," GOLF Channel, October 6, 2021, https://www.golfchannel.com/news/inbee-park-explains-why-shes-worlds-best-putter-1015-feet.

6 Brentley Romine, "This Mental Tip from LPGA Legend Inbee Park Is Major," GOLF Channel, January 21, 2022, https://www.golfchannel.com/news/mental-tip-lpga-legend-inbee-park-major.

7 José L. Lanciego, Natasha Luquin, and José A. Obeso, "Functional Neuroanatomy of the Basal Gan- glia," *Cold Spring Harbor Perspectives in Medicine* 2, no. 12 (December 2012): a009621, https://www.ncbi.nlm.nih.gov/pmc/articles
/PMC3543080.

8 Kenneth L. Davis and Christian Montag, "Selected Principles of Pankseppian Affective Neuroscience," *Frontiers in Neuroscience* 12 (January 2019), https:// www.frontiersin.org/articles/10.3389/fnins.2018.01025/full.

9『脳をだませばやせられる「つい食べてしまう」をなくす科学的な方法』205.

10 Andrew B. Barron, Eirik Søvik, and Jennifer L. Cornish, "The Roles of Dopamine and Related Compounds in Reward- Seeking Behavior across Animal Phyla," *Frontiers in Behavioral Neuroscience* 4 (October 2010), https://www.frontiersin.org/articles/10.3389/fnbeh.2010.00163/full.

11『意識はどこから生まれてくるのか』マーク・ソームズ著、岸本寛史、佐渡忠洋訳、青土社。120ページ。

12 Craig N. Sawchuk, "Depression and Anxiety: Can I Have Both?," Mayo Clinic, June 2, 2017, https://www.mayoclinic.org/diseases-conditions/depression/expert-answers/depression-and-anxiety/faq-20057989.

13『意識はどこから生まれてくるのか』154ページ。

14 Sona Dimidjian et al., "The Origins and Current Status of Behavioral Activation Treatments for Depression," *Annual Review of Clinical Psychology* 7 (2011): 1–38, https://pubmed.ncbi.nlm.nih.gov/21275642.

15 "Cristina Martinez," *Chef's Table*, volume 5, episode 1, September 28, 2018, Netflix special, 50:00.

16 "Barbacoa sin fronteras (Barbacoa Beyond Borders)," December 2, 2021, *Duolingo*, podcast, episode 100, 23:46, https://podcast.duolingo.com/episode-100-barbacoa-sin-fronteras-barbacoa-beyond-borders.

17 "Cristina Martinez."

18 Albert Bandura, "Self-Efficacy: Toward a Unifying Theory of Behavioral Change," *Psychological Review* 84, no. 2 (March 1977): 191–215, https://psycnet.apa.org/doiLanding?doi=10.1037%2F0033-295X.84.2.191.

19 Matthew D. Lieberman et al., "Putting Feelings into Words: Affect Labeling Disrupts Amygdala Activity in Response to Affective Stimuli," *Psychological Science* 18, no. 5 (May 2007): 421–28, https://pubmed.ncbi.nlm.nih.gov/17576282.

20 Francis James Child, *The English and Scottish Popular Ballads*, vol. 1 (New York: Dover Publications, 1965), 95–96.

21 Child, *Popular Ballads*, 95.

22 Maria Tatar, ed., *The Annotated Classic Fairy Tales* (New York: W. W. Norton, 2002), 128.

23 Tara Brach, "Feeling Over- whelmed? Remember RAIN," *Mindful*, February 7, 2019, https:// www.mindful.org/tara-brach-rain-mindfulness-practice.

24 D. M. Perlman et al., "Differential Effects on Pain Intensity and Unpleasantness of Two Meditation Practices," *Emotion* 10, no. 1 (February 2010): 65–71, https://doi.org/10.1037/a0018440; the website for the UMass Memorial Health Center for Mindfulness, accessed October 12, 2022, https://www.umassmed.edu/cfm/research/publications; Philippe R. Goldin and James J. Gross, "Effects of Mindfulness-Based Stress Reduction (MBSR) on Emotion Regulation in Social Anxiety Disorder," Emotion 10, no. 1 (February 2010): 83–91, doi:10.1037/a0018441; and Igor Grossmann and Ethan Kross, "Exploring Solomon's Paradox: Self-Distancing Eliminates the Self-Other Asymmetry in Wise Reasoning About Close Relationships in Younger and Older Adults," *Psychological Science* 25, no. 8 (August 2014): 1571–80,

doi:10.1177/0956797614535400.

25 Özlem Ayduk and Ethan Kross, "From a Distance: Implications of Spontaneous Self-Distancing for Adaptive Self-Reflection," *Journal of Personality and Social Psychology* 98, no. 5 (May 2010): 809–29, https://www.ncbi.nlm.nih.gov/pmc/articles/PMC2881638.

26 https://www.researchgate.net/figure/Aldous-Huxleys-cerebral-reducing-valve-on-the-inlet-right-side-of-the-cerebral_fig1_323345114.

27 Jennifer E. Stellar et al., "Awe and Humility," *Journal of Personality and Social Psychology* 114, no. 2 (February 2018): 258–69, https://sites.lsa.umich.edu/whirl/wp-content/uploads/sites/792/2020/08/2018-Awe-and-Humility.pdf.

28 Jennifer E. Stellar et al., "Positive Affect and Markers of Inflammation: Discrete Positive Emotions Predict Lower Levels of Inflammatory Cytokines," *Emotion* 15, no. 2 (April 2015): 129–33, https://www.ncbi.nlm.nih.gov/pubmed/25603133.

29 Dacher Keltner, "Why Do We Feel Awe?," Mind & Body, May 10, 2016, https://greater good.berkeley.edu/article/item/why_do_we_feel_awe.

30 Yukiori Goto and Anthony A. Grace, "Dopaminergic Modulation of Limbic and Cortical Drive of Nucleus Accumbens in Goal-Directed Behavior," *Nature Neuroscience* 8, no. 6 (June 2005): 805–12, http://www.nature.com/neuro/journal/v8/n6/full/nn1471.html.

31 "What Is the Plan-Do-Check- Act (PDCA) Cycle?," ASQ, accessed October 12, 2022, https://asq.org/quality-resources/pdca-cycle.

32 Marshall McLuhan, Understanding Media: The Extensions of Man (CreateSpace, 2016), https://web.mit.edu/allanmc/www/mcluhan.mediummessage.pdf.

33 Jonathan Haidt, "Why the Past 10 Years of American Life Have Been Uniquely Stupid," *The Atlantic*, April 11, 2022, https://www.theatlantic.com/magazine/archive/2022/05/social-media-democracy-trust-babel/629369.

第６章　意味を見出し前進する

1 James Hollis, *What Matters Most: Living a More Considered Life* (New York: Avery, 2009), 147.

2『幸せはいつもちょっと先にある』235ページ。

3 Adrian Bejan, "Why the Days Seem Shorter as We Get Older," *European Review* 27, no. 2 (May 2019): 187–94, doi:10.1017/S1062798718000741.

4 "Post-Traumatic Stress Disorder (PTSD)," Mayo Clinic, July 16, 2018, https://www.mayoclinic.org/diseases-conditions/post-traumatic-stress-disorder/symptoms-causes/syc-20355967.

5 Chess Stetson, Matthew P. Fiesta, and David M. Eagleman, "Does Time Really Slow Down During a Frightening Event?," *PLoS One* 2, no. 12 (2007): e1295, https://journals.plos.org/plosone/article?id=10.1371/journal.pone.0001295.

6『幸せはいつもちょっと先にある』210 ~ 214 ページ。

7 Daniel T. Gilbert, Erin Driver-Linn, and Timothy D. Wilson, "The Trouble with Vronsky: Impact Bias in the Forecasting of Future Affective States," in *The Wisdom in Feeling: Psychological Processes in Emotional Intelligence*, eds. Lisa Feldman Barrett and Peter Salovey (New York: Guilford Press, 2002).

8 Timothy D. Wilson and Daniel T. Gilbert, "Affective Forecasting: Knowing What to Want," *Current Directions in Psychological Science* 14, no. 3 (June 2005): 131-34, https://www.jstor.org/stable/20183006.

9 George A. Bonanno, Courtney Rennicke, and Sharon Dekel, "Self-Enhancement Among High-Exposure Survivors of the September 11th Terrorist Attack: Resilience or Social Maladjustment?," *Journal of Personality and Social Psychology* 88, no. 6 (June 2005): 984-98, https://pubmed.ncbi.nlm.nih.gov/15982117.

10 Terri A. deRoon-Cassini et al., "Psychopathy and Resilience Following Traumatic Injury: A Latent Growth Mixture Model Analysis," *Rehabilitation Psychology* 55, no. 1 (February 2010): 1-11, doi:10.1037/a0018601.

11 Richard G. Tedeschi and Lawrence G. Calhoun, "Posttraumatic Growth: Conceptual Foundations and Empirical Evidence," *Psychological Inquiry* 15, no. 1 (2004): 1-18, doi:10.1207/s15327965pli1501_01.

12 "Anna Lembke on the Neuroscience of Addiction: Our Dopamine Nation," Rich Roll, August 23, 2012, video, 2:18:02, minutes 48-52, https://www.youtube.com/watch?v=jziP0CegvOw.

13『あなたの脳は変えられる「やめられない！」の神経ループから抜け出す方法』ジャドソン・ブルワー著、久賀谷亮監修、岩坂彰訳、ダイヤモンド社。197 ページ。

14 Melanie A. Hom et al., "Resilience and Attitudes Toward Help-Seeking as Correlates of Psychological Well-Being Among a Sample of New Zealand Defence Force Personnel," *Military Psychology* 32, no. 4 (2020): 329-40, https://www.tandfonline.com/doi/abs/10.1080/08995605.2020.1754148; and Allison Crowe, Paige Averett, and J. Scott Glass, "Mental Illness Stigma, Psychological Resilience, and Help Seeking: What Are the Relationships?," Mental Health & Prevention 4, no. 2 (June 2016): 63-68, https://www.sciencedirect.com/science/article/abs/pii/S2212657015300222.

15 Gabrielle S. Adams et al., "People Systematically Overlook Subtractive Changes," Nature 592, no. 7853 (April 2021): 258-61, https://www.nature.com/articles/s41586-021-03380-y.

16 Nora D. Volkow et al., "Cocaine Cues and Dopamine in Dorsal Striatum: Mechanism of Craving in Cocaine Addiction," *Journal of Neuroscience* 26, no. 24 (June 2006): 6583–88, https://www.jneurosci.org/content/26/24/6583.

17 Katherine May, Wintering: *The Power of Rest and Retreat in Difficult Times* (New York: Riverhead Books, 2020), 115.

18 Sterling, *What Is Health?*, 102.

19『禅とオートバイ修理技術・下』（ロバート・M・パーシグ著、五十嵐美克訳、早川書房）。81 ページ。

20 Thich Nhat Hanh, *No Mud, No Lotus: The Art of Transforming Suffering* (Berkeley, CA: Parallax Press, 2014).

21 Mark D. Seery, Alison Holman, and Roxane Cohen Silver, "Whatever Does Not Kill Us: Cumulative Lifetime Adversity, Vulnerability, and Resilience," *Journal of Personality of Social Psychology* 99, no. 6 (December 2010): 1025–41, doi: 10.1037/a0021344.

22 Hollis, *What Matters Most*, 163.

おわりに
変化を受け入れ、ぶれない柔軟性を確立する「５つの問いと10の方策」

1 Rebecca Solnit, "Why Did We Stop Believing That People Can Change?," *New York Times*, April 22, 2022, https://www.nytimes.com/2022/04/22/opinion/forgiveness-redemption.html.

2 Mark Epstein, *Thoughts Without a Thinker: Psychotherapy from a Buddhist Perspective* (New York: Basic Books, 2013), 79–81.

3 Matthew Hutson, "Why Our Efficient Minds Make So Many Bad Errors," Washington Post, December 9, 2016, https://www.washingtonpost.com/opinions/why-our-efficient-minds-make-so-many-bad-errors/2016/12/08/4eb98fce-b439-11e6-840f-e3ebab6bcdd3_story.html.

4 David Brooks, "Bruce Springsteen and the Art of Aging Well," The Atlantic, October 23, 2020, https://www.theatlantic.com/ideas/archive/2020/10/bruce-springsteen-and-art-aging-well/616826.

5 Ram Dass and Mirabai Bush, *Walking Each Other Home: Conversations of Loving and Dying* (Boulder, CO: Sounds True, 2018).

［著者］
ブラッド・スタルバーグ（Brad Stulberg）
健康、ウェルビーイング、ピークパフォーマンスの維持に関する研究者、作家、およびコーチ。著書多数。邦訳された主な著書にスティーブ・マグネスとの共著『PEAK PERFORMANCE 最強の成長術』（ダイヤモンド社）、『パッション・パラドックス』（左右社）がある。ニューヨーク・タイムズに定期的に寄稿しているほか、著書はウォール・ストリート・ジャーナル、ワシントン・ポスト、ロサンゼルス・タイムズ、ニューヨーカー、スポーツ・イラストレイテッド、アウトサイド・マガジン、フォーブスなど、多数のメディアに取り上げられている。ミシガン大学公衆衛生大学院の非常勤助教授を務める。

［訳者］
福井久美子（ふくい・くみこ）
英グラスゴー大学大学院英文学専攻修士課程修了。『PEAK PERFORMANCE 最強の成長術』『ALTER EGO 超・自己成長術』『CULTURE HACKS 日・米・中 思考の法則』『CAPTIVATE 最強の人間関係術』（いずれもダイヤモンド社）、『5秒ルール』（東洋館出版社）など、訳書多数。

Master of Change 変わりつづける人
——最新研究が実証する最強の生存戦略

2025年1月14日　第1刷発行
2025年3月14日　第2刷発行

著　者——ブラッド・スタルバーグ
訳　者——福井久美子
発行所——ダイヤモンド社
〒150-8409　東京都渋谷区神宮前6-12-17
https://www.diamond.co.jp/
電話／03·5778·7233（編集）　03·5778·7240（販売）
装丁————小口翔平＋後藤司（tobufune）
本文デザイン—松好那名（matt's work）
本文DTP——キャップス
校正————LIBERO
製作進行——ダイヤモンド・グラフィック社
印刷————勇進印刷
製本————本間製本
編集担当——斉藤俊太朗

ISBN 978-4-478-11927-3